Clemens Baeumker

Des Aristoteles Lehre von den äußeren und inneren Sinnesvermögen

Clemens Baeumker

Des Aristoteles Lehre von den äußeren und inneren Sinnesvermögen

ISBN/EAN: 9783743615601

Hergestellt in Europa, USA, Kanada, Australien, Japan

Cover: Foto ©berggeist007 / pixelio.de

Weitere Bücher finden Sie auf **www.hansebooks.com**

DES

ARISTOTELES LEHRE

VON DEN

ÄUSSERN UND INNERN SINNESVERMÖGEN,

ALS INAUGURAL-DISSERTATION ZUR ERLANGUNG DER DOCTORWÜRDE
BEI DER PHILOSOPHISCHEN FACULTÄT DER KÖNIGL.
ACADEMIE ZU MÜNSTER

DARGESTELLT VON

CLEMENS BAEUMKER.

LEIPZIG.
DRUCK VON HUNDERTSTUND & PRIES.
1877.

Zweck der vorliegenden Abhandlung ist eine quellenmässige historische Darstellung der Lehre des Aristoteles von den äussern und innern Sinnesvermögen. Zu dem Ende war der Verfasser bemüht, das Material aus den Schriften des Aristoteles in möglichster Vollständigkeit zusammenzutragen, übersichtlich anzuordnen und durch historisch-kritische Untersuchungen die wahre Ansicht des Philosophen und den Zusammenhang zwischen seinen einzelnen Lehren zu ermitteln. Wenn er hiebei bezüglich der eigentlichen Meinung desselben in einzelnen Punkten, z. B. in Betreff der Frage nach dem Objekt des Geruchssinns, der Vertheilung der Elemente auf die verschiedenen Sinnesorgane, des Begriffs der διάνοια, zu Resultaten gelangt ist, die von der gewöhnlichen Auffassung abweichen, so macht er nur so weit auf Glauben Anspruch, als das Gewicht der aufgestellten Gründe reicht. Eine kritische Beurtheilung der Aristotelischen Lehren dagegen vom Standpunkte der neueren Psychologie und Physiologie aus lag nicht in der Absicht des Verfassers und würde auch sehr oft, namentlich was das physiologische Detail anlangt, völlig überflüssig erscheinen.

INHALT.

	Seite
Einleitung. Begriff der sensitiven Seele	1
A. Die peripherischen Vermögen der Wahrnehmung.	
I. Das Wahrnehmen	10
II. Die fünf Sinne im einzelnen.	
Objekte, Medien, Organe und Vermögen als solche	16
1. Objekte	21
2. Medien	38
3. Organe	44
4. Vermögen als solche	57
B. Das centrale Vermögen der Wahrnehmung.	
I. Der Centralsinn als solcher	62
1. Der innere Sinn als Sinn der gemeinsamen Objekte	62
2. Der innere Sinn als die Objekte der verschiedenen Aussensinne zusammenfassende und beurtheilende Kraft	66
3. Der innere Sinn als sinnliches Bewusstsein	75
II. Verhältniss des innern und der äussern Sinne	78
III. Organ des Centralsinns	82

Einleitung.

Begriff der sensitiven Seele.

Die Seele ist das Princip des Lebens[1]; denn darin gerade besteht der specifische Unterschied des Beseelten vom Unbeseelten, dass ersteres des Lebens theilhaft ist[2]). Der Leib ohne Seele ist todt; wie erst die Sehkraft das Auge zum Sehorgan macht, so entsteht auch nur durch die Vereinigung der Seele mit dem Leibe ein lebendes Wesen[3]); ist die Seele entflohen, so ist der Körper nicht einmal mehr in der Möglichkeit zu leben[4]), und seine Theile sind das, was sie früher waren, nur noch in homonymem Sinne[5]), nur noch der äussern Gestalt nach[6]).

---

1) Arist. de an. II, 2, ₆. 413 b 11 (ed. Acad. Reg. Boruss.): ἡ ψυχὴ τῶν εἰρημένων τούτων (der Arten des Lebens) ἀρχή. § 12. 414a 12: ἡ ψυχὴ δὲ τοῦτο ᾧ ζῶμεν ... πρώτως. de an. I, 1,₁. 402a 6—7, de part. an. I, 1. 641a 14—21. Vgl. Wolff, von dem Begriff des Aristoteles über die Seele und dessen Anwendung auf die heutige Psychologie. Progr. Bayreuth 1848. K. Pansch, de Aristotelis animae definitione dissertatio, Gryphisw. 1861. Wilh. Biehl, die Aristotelische Definition der Seele, in: Verhandlungen der Augsburger Philologen-Versammlung v. J. 1862. Leipz. 1863. S. 94—102. Eugen Eberhard, die Aristotelische Definition der Seele und ihr Werth für die Gegenwart. Berlin 1868.

2) de an. II, 2, ₂. 413a 20: λέγομεν ... διωρίσθαι τὸ ἔμψυχον τοῦ ἀψύχου τῷ ζῆν.

3) de an. II, 1, ₁₁. 413a 2: ἀλλ᾽ ὥσπερ ὀφθαλμὸς ἡ κόρη καὶ ἡ ὄψις, κἀκεῖ ἡ ψυχὴ καὶ τὸ σῶμα ζῷον, wozu vgl. § 9. 412b 18—22.

4) de an. II, 1, ₁₀. 412b 25: ἔστι δὲ οὐ τὸ ἀποβεβληκὸς τὴν ψυχὴν τὸ δυνάμει ὂν ὥστε ζῆν.

5) de gener. an. II, 1. 735a 5: ὁ αὐτὸς λόγος καὶ περὶ τῶν μορίων· οὔτε γὰρ ψυχὴ ἐν ἄλλῳ οὐδεμία ἔσται πλὴν ἐν ἐκείνῳ οὗ γ᾽ ἐστίν, οὔτε μόριον ἔσται μὴ μετέχον ἀλλ᾽ ἢ ὁμωνύμως, ὥσπερ τεθνεῶτος ὀφθαλμός.

6) de part. an. I, 1. 641a 18: ἀπελθούσης γοῦν (ψυχῆς) οὐκέτι ζῷόν ἐστιν, οὐδὲ τῶν μορίων οὐδὲν τὸ αὐτὸ λείπεται, πλὴν τῷ σχήματι μόνον, καθάπερ τὰ μυθευόμενα λιθοῦσθαι.

Nun giebt es aber verschiedene Arten des Lebens [1]). Manche Lebensfunktionen, die hier mit andern verbunden erscheinen, finden sich dort allein und ohne diese; sie sind also von letzteren trennbar und charakterisiren dadurch eine besondere Art des Lebens [2]).

Prüfen wir jetzt die verschiedenen Erscheinungen des Lebens, so ist die unterste Stufe denjenigen anzuweisen, welche selbst kein anderes Leben als ihre Voraussetzung verlangen, sondern zuerst das Gebiet des Lebenden gegen das des Leblosen hin in seinem Eintritt bestimmen. Es ist dies der Fall bei den Erscheinungen des vegetativen oder Pflanzenlebens [3]). Die Pflanze nimmt nicht wahr, sie denkt nicht, sie begehrt nicht: sie lebt nur, und dieses ihr Leben äussert sich im Wachsen und Vergehen [4]), sowie in der Hervorbringung anderer Individuen derselben Art [5]).

An anderen Wesen treten zwar auch die Erscheinungen des vegetativen Lebens, das mit allen höheren Entwicklungen als deren Grund und Voraussetzung unzertrennlich verbunden ist [6]), zu Tage; aber nicht für sich, wie bei den Pflanzen, sondern die hinzutretende Fähigkeit

---

1) de an. II, 2, $_2$. 413a 22: πλεοναχῶς δὲ τοῦ ζῆν λεγομένου κτλ.

2) Vgl. de an. II, 3, $_7$. 414b 33 — 415a 11, wo dies im einzelnen durchgeführt wird.

3) de an. II, 2, $_4$. 413b 1: τὸ μὲν οὖν ζῆν διὰ τὴν ἀρχὴν ταύτην (Princip des vegetativen Lebens, a 26 ff.) ὑπάρχει τοῖς ζῴοις, τὸ δὲ ζῷον διὰ τὴν αἴσθησιν πρώτως· καὶ γὰρ τὰ μὴ κινούμενα μηδ' ἀλλάττοντα τόπον, ἔχοντα δ' αἴσθησιν, ζῷα λέγομεν καὶ οὐ ζῆν μόνον.

4) de an. II, 2, $_3$. 413 a 25: διὸ καὶ τὰ φυόμενα πάντα δοκεῖ ζῆν· φαίνεται γὰρ ἐν αὐτοῖς ἔχοντα δύναμιν καὶ ἀρχὴν τοιαύτην, δι' ἧς αὔξησίν τε καὶ φθίσιν λαμβάνουσι. Es ist dies das θρεπτικὸν (de an. II, 3, $_2$. 415 a 1. III, 9, $_2$. 432 a 29. de somno 1. 454 a 13. de juvent. 2. 468 a 28 u. ö.) oder θρεπτικὸν μόριον (de somno 1. 454 b 32 f. de sensu 1. 436 b 17), die θρεπτικὴ ψυχή (de an. II, 4, $_2$. 415 a 23—24. III, 12, $_1$. 434 a 22. de juvent. 2. 468 b 2—3. de respir. S. 474 a 31. de gener. anim. II, 3. 736 a 35—36. II, 4. 740 b 36—37 u. ö.).

5) de an. II, 4, $_2$. 415 a 23: ἡ... θρεπτικὴ ψυχή, ... ἧς ἐστιν ἔργα γεννῆσαι καὶ τροφῇ χρῆσθαι. de gener. an. II, 5. 740 b 29: ἡ τῆς θρεπτικῆς ψυχῆς δύναμις, ὥσπερ καὶ ἐν αὐτοῖς τοῖς ζῴοις καὶ τοῖς φυτοῖς ὕστερον ἐκ τῆς τροφῆς ποιεῖ τὴν αὔξησιν, ... οὕτω καὶ ἐξ ἀρχῆς συνίστησι τὸ φύσει γιγνόμενον.

6) de respir. 8. 474 b 10: τὰς μὲν οὖν ἄλλας δυνάμεις τῆς ψυχῆς ἀδύνατον ὑπάρχειν ἄνευ τῆς θρεπτικῆς. de an. III, 12, $_1$. 434 a 22: τὴν μὲν οὖν θρεπτικὴν ψυχὴν ἀνάγκη πᾶν ἔχειν ὅτι περ ἂν ζῇ καὶ ψυχὴν ἔχῃ ἀπὸ γενέσεως μέχρι φθορᾶς. Vgl. ebend. 9, $_2$. 432 a 29—30.

der Wahrnehmung[1]) führt uns eine Stufe höher auf der Leiter der lebendigen Wesen, in den Bereich des animalischen Lebens (des ζῷον εἶναι im Gegensatz zum einfachen ζῆν, vgl. S. 2. Anm. 3). Doch offenbart sich hier wieder eine Gliederung. Einigen Thieren eignet nur der allen gemeinsame[2]) Tastsinn, der dann den Geschmackssinn mit einbegreift[3]); andere haben auch Gesicht, Gehör und Geruch[4]). Nicht alle Thiere ferner, sondern nur die höhern, weisen Phantasie[5]) und Gedächtniss[6]) auf, sowie die Fähigkeit, sich vom Orte zu bewe-

---

1) de an. II, 3, 7. 415 a 1: ἄνευ ... τοῦ θρεπτικοῦ τὸ αἰσθητικὸν οὐκ ἔστιν· τοῦ δ᾽ αἰσθητικοῦ χωρίζεται τὸ θρεπτικόν, οἷον ἐν τοῖς φυτοῖς. Vgl. de somno 1. 454 a 13—14.
2) hist. an. I, 3. 489 a 17: πᾶσι δὲ τοῖς ζῴοις αἴσθησις μία ὑπάρχει κοινή μόνη ἡ ἁφή. de somno 2. 455 a 27: ἡ ἁφὴ μόνη πᾶσιν. Vgl. de an. II, 3, 2. 414 b 3. III, 12, 7. 434 b 23 f. III, 13, 1. 435 b 2. de sensu 1. 436 b 13—15. de somno 2. 455 a 7. hist. an. IV, 8. 533 a 17—19. 535 a 4—5. de part. an. II, 8. 653 b 22: τὸ γὰρ ζῷον ὁριζόμεθα τῷ ἔχειν αἴσθησιν [vgl. de somno 1. 454 b 24—25. de juvent. 3. 469 a 15—20. 4. 469 b 4], πρῶτον δὲ τὴν πρώτην· αὕτη δ᾽ ἐστὶν ἁφή. Allen Thieren kommt der Tastsinn zu, weil er (mit Einschluss des Geschmackssinnes) der Sinn der Nahrung ist, die aus Trocknem und Nassem, Warmem und Kaltem besteht (de an. II. 3, 3. 414 b 6 ff.), während die übrigen Sinne zur grösseren Vollkommenheit dienen, nothwendig aber nur für bestimmte Klassen von lebenden Wesen sind (de an. III, 12, 8. 434 b 24: αἱ δὲ ἄλλαι τοῦ τε εὖ ἕνεκα καὶ γένει ζῴων ἤδη οὐ τῷ τυχόντι, ἀλλὰ τισίν, οἷον τῷ πορευτικῷ ἀνάγκη ὑπάρχειν). Deshalb muss auch, wenn der Tastsinn durch eine zu grosse Intensität des Objektes zerstört wird, das lebende Wesen zugleich mit jenem zu Grunde gehen (de an. III, 13, 3. 435 b 13: ἡ δὲ τῶν ἁπτῶν ὑπερβολή, οἷον θερμῶν καὶ ψυχρῶν καὶ σκληρῶν, ἀναιρεῖ τὸ ζῷον· παντὸς μὲν γὰρ αἰσθητοῦ ὑπερβολὴ ἀναιρεῖ τὸ αἰσθητήριον, ὥστε καὶ τὸ ἁπτὸν τὴν ἁφήν, ταύτῃ δὲ ὥρισται τὸ ζῆν· ἄνευ γὰρ ἁφῆς δέδεικται ὅτι ἀδύνατον εἶναι ζῷον. διὸ ἡ τῶν ἁπτῶν ὑπερβολὴ οὐ μόνον τὸ αἰσθητήριον φθείρει [wie dieses bei den andern Sinnen der Fall ist, b 7—10], ἀλλὰ καὶ τὸ ζῷον, ὅτι ἀνάγκη μόνην ἔχειν ταύτην. b, 4: φανερὸν τοίνυν ὅτι ἀνάγκη μόνης ταύτης [ἁφῆς] στερισκόμενα τῆς αἰσθήσεως τὰ ζῷα ἀποθνήσκειν.
3) de somno 2. 455 a 7: τὴν δ᾽ ἁφὴν καὶ τὴν γεῦσιν ἅπαντ᾽ ἔχει. Vgl. de sensu 1. 436 b 12—18. Denn: ἡ δὲ γεῦσις ἁφή τίς ἐστιν (de part. an. II, 17. 660 a 21—22).
4) de an. II, 3, 7. 415 a 3: πάλιν δ᾽ ἄνευ μὲν τοῦ ἁπτικοῦ τῶν ἄλλων αἰσθήσεων οὐδεμία ὑπάρχει, ἁφὴ δ᾽ ἄνευ τῶν ἄλλων ὑπάρχει· πολλὰ γὰρ τῶν ζῴων οὔτ᾽ ὄψιν οὔτ᾽ ἀκοὴν ἔχουσιν οὔτ᾽ ὀσμῆς ὅλως αἴσθησιν. III, 12, 8. 434 b 24—26. de sensu 1. 436 b 18 ff. de somno 2. 455 a 23—24.
5) de an. III, 3, 7. 428 a 9: ... πᾶσιν δ᾽ ἂν ἐνδέχοιτο τοῖς θηρίοις φαντασία ὑπάρχειν· δοκεῖ δ᾽ οὔ, οἷον μύρμηκι μὲν ἢ μελίττῃ, σκώληκι δ᾽ οὔ.
6) metaph. I, 1. 980 a 27: φύσει μὲν οὖν αἴσθησιν ἔχοντα γίνεται τὰ ζῷα,

gen¹). Allen Thieren endlich ist, wie der Tastsinn, so auch ein Begehren zuzuschreiben, da ein solches stets der durch die Wahrnehmung nothwendig erregten Lust- oder Unlustempfindung folgt²). Des **Denkens** und der **Vernunft** aber, worin die höchste Lebensäusserung besteht, sind nur die wenigsten lebenden Wesen theilhaft³). Diese vielfachen Lebenserscheinungen lassen sich indess auf **drei Hauptklassen**⁴) reduciren, die des vegetativen, sensitiven und intellektiven Lebens. Von den Thätigkeiten des vegetativen Lebens, der Erzeugung und Ernährung, grenzen sich die des animalischen dadurch ab, dass dieselben sämmtlich auf einem Erkennen beruhen; denn ein Erkennen ist nicht nur das Denken, sondern auch die sinnliche Wahrnehmung⁵). Denken und Wahrnehmen scheiden sich wieder von einander nach dem Principe, das überhaupt die Thätigkeiten sondert⁶), nämlich nach der Rücksicht auf ihr Objekt. Bei der Wahrnehmung ist dieses das räumlich und zeitlich Begrenzte⁷), Individuelle, beim Den-

---

ἐκ δὲ τῆς αἰσθήσεως τοῖς μὲν αὐτῶν οὐκ ἐγγίγνεται μνήμη τοῖς δ' ἐγγίγνεται. de memor. 1. 449 b 28: ... ὥσθ' ὅσα χρόνου αἰσθάνεται, ταῦτα μόνα τῶν ζώων μνημονεύει.

1) de an. II, 3, ₇. 415 a 6: καὶ τῶν αἰσθητικῶν δὲ τὰ μὲν ἔχει τὸ κατὰ τόπον κινητικόν, τὰ δ' οὐκ ἔχει. ebend. III, 12, ₈. 434 b 25—26.

2) de somno 1. 454 b 29: οἷς δ' αἴσθησις ὑπάρχει, καὶ τὸ λυπεῖσθαι καὶ χαίρειν· οἷς δὲ ταῦτα, καὶ ἐπιθυμία. de an. II, 3, ₂. 414 a 32: ὑπάρχει δὲ τοῖς μὲν φυτοῖς τὸ θρεπτικὸν μόνον, ἑτέροις δὲ τοῦτό τε καὶ τὸ αἰσθητικόν. εἰ δὲ τὸ αἰσθητικόν, καὶ τὸ ὀρεκτικόν· ὄρεξις μὲν γὰρ ἐπιθυμία καὶ θυμὸς καὶ βούλησις, τὰ δὲ ζῷα πάντ' ἔχουσι μίαν γε τῶν αἰσθήσεων, τὴν ἁφήν· ᾧ δ' αἴσθησις ὑπάρχει, τούτῳ ἡδονή τε καὶ λύπη καὶ τὸ ἡδύ τε καὶ λυπηρόν, οἷς δὲ ταῦτα, καὶ ἡ ἐπιθυμία· τοῦ γὰρ ἡδέος ὄρεξις αὕτη. de an. II, 2, ₈. 413 b 23—24. Vgl. Scholl, Die Einheit des Seelenlebens aus den Principien der Aristotelischen Philosophie entwickelt. Freiburg i. Br. 1873. S. 113.

3) de an. II, 3, ₇. 415 a 7: τελευταῖον δὲ καὶ ἐλάχιστα λογισμὸν καὶ διάνοιαν (ἔχει).

4) Vgl. Brentano, die Psychologie des Aristoteles, insbesondere seine Lehre vom νοῦς ποιητικός. Mainz 1667. S. 63 ff. 104 ff.

5) de gener. an. I, 23. 731 a 33: ἡ δ' αἴσθησις γνῶσίς τις. de insomn. 1. 458 b 2: τούτοις (τῷ νοητικῷ καὶ τῷ αἰσθητικῷ) γὰρ μόνοις τῶν ἐν ἡμῖν γνωρίζομέν τι. de an. III, 9, ₁. 432 a 16: ... τῷ τε κριτικῷ, ὃ διανοίας ἔργον ἐστὶ καὶ αἰσθήσεως. de an. I, 2. 404 b 25 —27. metaph. I, 1. 981 b 9—11 u. s. w. Vgl. Biehl, Ueber den Begriff νοῦς bei Aristoteles, Progr. Linz 1864. S. 1.

6) de an. II, 4, ₁. 415 a 20: τούτων (τῶν πράξεων) δ' ἔτι πρότερα τὰ ἀντικείμενα δεῖ τεθεωρηκέναι.

7) anal. post. I, 31. 87 b 29: αἰσθάνεσθαι γε ἀναγκαῖον τόδε τι καὶ ποῦ

ken dagegen das Allgemeine [1]). Eine andere erkennende Kraft als das Denk- und das sinnliche Wahrnehmungsvermögen gibt es aber nicht[2]), so dass mit jenen drei Stufen die Reihe des Lebenden erschöpft ist.

Sind der Hauptklassen von lebenden Wesen also drei, so haben wir dem entsprechend eine dreifache Seele anzunehmen. Denn wenn das innere Formprincip stets seinem Subjekte entsprechen muss[3]), so muss auch die Seele, welche das ist, wodurch als erstes Princip wir leben, wahrnehmen und denken[4]), eine dreifache sein, eine vegetative, sensitive und intellektive. In der That zählt Aristoteles, wenn er einen allgemeinen Ueberblick gibt, auch nur diese drei Seelen auf[5]).

Welches ist nun das Verhältniss, in dem die sensitive Seele, um die es sich hier allein handelt, zu den andern, zunächst zur vegetativen Seele steht? Klar ist, dass die vegetative Seele der Pflanze von der sensitiven des animalischen Wesens specifisch verschieden ist. Schwieriger wird die Frage nach dem Verhältniss beider Seelen in einem Wesen, dem sowol vegetatives, als sensitives Leben, beides zugleich, zukommt. Nahe läge es, die sensitive Seele als eine zweite, von der vegetativen verschiedene und zu ihr hinzutretende Form zu betrachten; allein diese Lösung, so bestechend sie auch erscheinen mag, entbehrt der innern Wahrheit. Die Seele ist die wesengebende Form (εἶδος), der Begriff (λόγος) oder das Was-War-Sein (τὸ τί ἦν εἶναι), die Wesenheit (οὐσία) des Körpers, der sich zu ihr als

---

(ποῦ?) καὶ νῦν. τὸ δὲ καθόλου καὶ ἐπὶ πᾶσιν ἀδύνατον αἰσθάνεσθαι· οὐ γὰρ τόδε οὐδὲ νῦν.

1) de an. II, 5,₆ 417 b 22: τῶν καθ' ἕκαστον ἡ κατ' ἐνέργειαν αἴσθησις, ἡ δ' ἐπιστήμη τῶν καθόλου. anal. post. I, 31. 87 b 37: αἰσθάνεσθαι μὲν γὰρ ἀνάγκη καθ' ἕκαστον, ἡ δ' ἐπιστήμη τῷ τὸ καθόλου γνωρίζειν ἐστίν. anal. post. I, 13. 81 b 6. phys. I, 5. 189 a 5—8. metaph. II, 4. 999 b 26—29.

2) de insomn. 1. 458 b 1: ... καὶ πότερον τοῦ νοητικοῦ τὸ πάθος ἐστὶ τοῦτο (τὸ ἐνύπνιον) ἢ τοῦ αἰσθητικοῦ, τούτοις γὰρ μόνοις τῶν ἐν ἡμῖν γνωρίζομέν τι.

3) de coelo III, 7. 306 a 9: δεῖ ... εἶναι τὰς ἀρχὰς ... ὁμογενεῖς τοῖς ὑποκειμένοις·

4) de an. II, 2, ₁₁. 414 a 12: ἡ ψυχὴ δὲ τοῦτο ᾧ ζῶμεν καὶ αἰσθανόμεθα καὶ διανοούμεθα πρώτως

5) de an. II, 4, ₁. 415 a 17: τί τὸ νοητικὸν ἢ τὸ αἰσθητικὸν ἢ τὸ θρεπτικόν; de gener. an. II, 3. 736 b 8: τὴν μὲν οὖν θρεπτικὴν ψυχὴν ... ἔχοντα θετέον ... πρῶτον μὲν γὰρ ἅπαντ' ἔοικε ζῆν τὰ τοιαῦτα φυτοῦ βίον, ἑπομένως δὲ δῆλον ὅτι καὶ περὶ τῆς αἰσθητικῆς λεκτέον καὶ περὶ τῆς νοητικῆς. eth. Nic. I, 6. 1097 b 33, ebend. 13. 1102 a 32 ff.

Materie verhält ¹). Die Materie aber kann zur selben Zeit nur durch eine einzige Form bestimmt werden ²). Wie also das Viereck das Dreieck der Kraft nach in sich schliesst, so findet ein Gleiches bei der sensitiven Seele in Beziehung auf die vegetative statt. Aus ein und derselben Wesensform gehen die Vollkommenheiten des sensitiven Lebens sowol, wie die des vegetativen hervor ³); der Zahl nach eins, sind beide Theile nur dem Begriffe nach geschieden ⁴).

Aehnlich ist das Verhältniss der sensitiven zur niedern Denkseele zu fassen; nur mit dem höhern theoretischen Denkvermögen, welches von aussen her in den Menschen eintritt ⁵), hat es eine andere Bewandtniss. Denn nachdem Aristoteles im dritten Kapitel des zweiten

---

1) metaph. VI, 10. 1035 b 14: ἡ τῶν ζῴων ψυχὴ ... ἡ κατὰ τὸν λόγον οὐσία καὶ τὸ εἶδος καὶ τὸ τί ἦν εἶναι [zu diesem Ausdrucke vgl. Trendelenburg, Rhein. Mus. 1828. Heft 4. Kommentar zu de anima (Jena 1833) S. 192 ff. 471 ff.; Geschichte der Kateg., Berlin 1846. S. 34 ff. Schwegler, Arist. Metaph. Tübingen 1847—48, IV. S. 369 ff. Bonitz, Kommentar zur Metaphysik, Bonn 1849, S. 311 ff. Zeller, Philos. d. Griech. 2. Aufl. II², S. 146 Anm. 1.] τῷ τοιῷδε σώματι. de an. II, 2, ₁₂. 414 a 12: ἡ ψυχή .. λόγος τις ἂν εἴη καὶ εἶδος. obend. 1, ₁. 412 a 19: ἀναγκαῖον ἄρα τὴν ψυχὴν οὐσίαν εἶναι ὡς εἶδος σώματος φυσικοῦ δυνάμει ζωὴν ἔχοντος. fragm. 42. 1482 b 37—38. Denn ist die Seele auch in erster Linie Energie, Form des Körpers, so bestimmt doch eben die Form das Wesen eines Dinges (metaph. VI, 12. 1037 a 29: ἡ οὐσία γάρ ἐστι τὸ εἶδος τὸ ἐνόν. obend. 8. 1033 b 17), sein Was-War-Sein (metaph. VI, 7. 1032 b 1: εἶδος δὲ λέγω τὸ τί ἦν εἶναι ἑκάστου καὶ τὴν πρώτην οὐσίαν. obend. 10. 1035 b 32. VII, 4. 1041 a 36. IV, 2. 1013 b 22—23. phys. II, 3. 194 b 26—27 — metaph. IV, 2. 1013 a 27—28) oder seinen Begriff (metaph. II, 2. 996 b 8: τὸ δ' εἶδος ὁ λόγος. obend. VII, 4. 1044 b 12. phys. II, 1. 193 a 31. b 1—2. I, 7. 190 a 16).

2) phys. I, 7. 190 b 28: ἓν δὲ τὸ εἶδος.

3) de an. II, 3, 6. 414 b 28: παραπλησίως δ' ἔχει τῷ περὶ τῶν σχημάτων καὶ τὰ κατὰ ψυχήν· ἀεὶ γὰρ ἐν τῷ ἐφεξῆς ὑπάρχει δυνάμει τὸ πρότερον, ... οἷον ἐν τετραγώνῳ μὲν τρίγωνον, ἐν αἰσθητικῷ δὲ τὸ θρεπτικόν. de juvent. 1. 467 b 18: ὅσα δὲ ζῷα λέγεται καὶ ζῆν, ἐν μὲν τοῖς ἀμφοτέρων τούτων τετυχηκόσι (λέγω δ' ἀμφοτέρων τοῦ τε ζῷον εἶναι καὶ τοῦ ζῆν) ἀνάγκη ταὐτὸν εἶναι καὶ ἓν μόριον καθ' ὅ τε ζῇ καὶ καθ' ὃ προσαγορεύομεν αὐτὸ ζῷον. τὸ μὲν γὰρ ζῷον ᾗ ζῷον, ἀδύνατον μὴ ζῆν· ᾗ δὲ ζῇ, ταύτῃ ζῷον ὑπάρχειν οὐκ ἀναγκαῖον· τὰ γὰρ φυτὰ ζῇ μέν, οὐκ ἔχει δ' αἴσθησιν, τῷ δ' αἰσθάνεσθαι τὸ ζῷον πρὸς τὸ μὴ ζῷον διορίζομεν.

4) de juvent. 1. 467 b 25: ἀριθμῷ μὲν οὖν ἀναγκαῖον ἓν εἶναι καὶ τὸ αὐτὸ τοῦτο τὸ μόριον, τῷ δ' εἶναι πλείω καὶ ἕτερα· οὐ γὰρ ταὐτὸ τὸ ζῴῳ τε εἶναι καὶ τὸ ζῆν.

5) de gener. anim. II, 3. 736 b 27: λείπεται δὲ τὸν νοῦν μόνον θύραθεν ἐπεισιέναι καὶ θεῖον εἶναι μόνον.

Buches von der Seele in der oben angegebenen Weise auseinandergesetzt hat, wie in ein und demselben lebenden Wesen immer die niedere Seele in der höhern, so die vegetative Seele in der sensitiven, enthalten sei, fährt er fort: „Endlich eignet der geringsten Zahl Denken und Verstand ($λογισμὸς\ καὶ\ διάνοια$); denn welchen das Denken unter den sterblichen Wesen zukommt, denen kommt auch das Uebrige alles zu; welchen aber von jenem ein jegliches eignet, denen eignet noch nicht durchweg das Denken, sondern den einen nicht einmal die Phantasie, während das Leben anderer zuhöchst in dieser gipfelt. In Betreff des theoretischen Denkvermögens ($θεωρητικὸς\ νοῦς$) jedoch waltet ein anderes Verhältniss ob [1]\)." Es ergibt sich also als Meinung des Aristoteles, dass auch die niedere Denkseele, wenngleich schon dieser niedern nur die wenigsten Wesen theilhaftig sind, in ganz gleicher Weise, wie die sensitive die vegetative, die unter ihr stehenden Seelen in sich fasst, dass dagegen beim höheren, theoretischen Denkvermögen ein Einschliessen der niedern Seelen nicht stattfinde [2]). So ist

---

[1] de an. II, 3,: 415a 7—12: $τελευταῖον\ δὲ\ καὶ\ ἐλάχιστα\ λογισμὸν\ καὶ\ διάνοιαν\ (ἔχει)·\ οἷς\ μὲν\ γὰρ\ ὑπάρχει\ λογισμὸς\ τῶν\ φθαρτῶν,\ τούτοις\ καὶ\ τὰ\ λοιπὰ\ πάντα,\ οἷς\ δ'\ ἐκείνων\ ἕκαστον,\ οὐ\ πᾶσι\ λογισμός,\ ἀλλὰ\ τοῖς\ μὲν\ οὐδὲ\ φαντασία,\ τὰ\ δὲ\ ταύτῃ\ μόνῃ\ ζῶσιν.\ περὶ\ δὲ\ τοῦ\ θεωρητικοῦ\ νοῦ\ ἕτερος\ λόγος$.

[2] Es beruht dieser Unterschied darauf, dass nach Aristoteles nur der höhere $νοῦς$ etwas vom Körper Getrenntes ist, während die Thätigkeit des niedern Denkvermögens (von Aristoteles im Gegensatz zum theoretischen $νοῦς$ gewöhnlich als $διάνοια$ bezeichnet; es ist das praktische Denken des gewöhnlichen Lebens) nicht der Seele allein, sondern dem ganzen, in der Verbindung von Leib und Seele bestehenden Menschen angehöre. Zum Beweise genüge es, einige Stellen anzuführen. Im ersten Buche von der Seele untersucht unser Philosoph, ob der Seele ein Bewegtwerden zukomme, und bemerkt dann, sich betrüben, freuen und das $διανοεῖσθαι$ seien zwar Bewegungen (de an. I, 4, 11. 408b 5: $εἰ\ γὰρ\ καὶ\ ὅτι\ μάλιστα\ τὸ\ λυπεῖσθαι\ ἢ\ χαίρειν\ ἢ\ διανοεῖσθαι\ κινήσεις\ εἰσί$): doch seien dieselben keine ausschliesslichen Bewegungen der Seele; denn es sei besser, nicht der Seele das Erbarmen, Lernen und das $διανοεῖσθαι$ zuzuschreiben, sondern dem ganzen Menschen, insoweit er eine Seele hat; nur der $νοῦς$ scheine als eine eigene Wesenheit für sich dem Menschen inne zu wohnen (a. a. O. § 12. 408 b 11: $τὸ\ δὴ\ λέγειν\ ὀργίζεσθαι\ τὴν\ ψυχὴν\ ὅμοιον\ κἂν\ εἴ\ τις\ λέγοι\ τὴν\ ψυχὴν\ ὑφαίνειν\ ἢ\ οἰκοδομεῖν·\ βέλτιον\ γὰρ\ ἴσως\ μὴ\ λέγειν\ τὴν\ ψυχὴν\ ἐλεεῖν\ ἢ\ μανθάνειν\ ἢ\ διανοεῖσθαι,\ ἀλλὰ\ τὸν\ ἄνθρωπον\ τῇ\ ψυχῇ\ldots\ ὁ\ δὲ\ νοῦς\ ἔοικεν\ ἐγγίνεσθαι\ οὐσία\ τις\ οὖσα$). Deshalb sei zwar die Thätigkeit des $νοῦς$, welcher etwas Göttlicheres und Leidensloses ist, in sich unzerstörbar, wenn sie auch vielleicht wegen des Schwindens nothwendiger, ausserhalb seiner gelegener Bedingungen nicht mehr zur Ausübung gelangen könne; das $διανοεῖσθαι$ dagegen, welches ja Thätigkeit des zerstörbaren Ganzen sei, könne

also die sensitive Seele im Menschen real identisch mit der niedern Denkseele. Wie auf der objektiven Seite der Gegenstand der Ver-

auf diese Eigenschaft keinen Anspruch machen (a. a. O. §. 14. 408b 24: καὶ τὸ νοεῖν δὴ καὶ τὸ θεωρεῖν μαραίνεται ἄλλου τινὸς ἔσω [vgl. Bonitz, Aristotelische Studien II. Sitzungsber. der Wiener Akad. d. Wissensch. XLI. S. 400] φθειρομένου, αὐτὸ δὲ ἀπαθές ἐστιν. τὸ δὲ διανοεῖσθαι καὶ φιλεῖν ἢ μισεῖν οὐκ ἔστιν ἐκείνου πάθη, ἀλλὰ τουδὶ τοῦ ἔχοντος ἐκεῖνο, ᾗ ἐκεῖνο ἔχει. διὸ καὶ τούτου φθειρομένου οὔτε μνημονεύει οὔτε φιλεῖ· οὐ γὰρ ἐκείνου ἦν, ἀλλὰ τοῦ κοινοῦ, ὃ ἀπόλωλεν· ὁ δὲ νοῦς ἴσως θειότερόν τι καὶ ἀπαθές ἐστιν). Soll die διάνοια ferner nach einer andern Stelle die bedeutendere oder unbedeutendere Grösse eines Gegenstandes nicht durch ein Heraustreten aus sich selbst erkennen, sondern durch in ihr selbst hervorgebrachte analoge Bewegungen (de memor. 2. 452b 8: ἔστω δέ τι ᾧ κρίνει τὸν πλείω καὶ ἐλάττω [χρόνον]· εὔλογον δ' ὥσπερ τὰ μεγέθη· νοεῖ γὰρ τὰ μεγάλα καὶ πόρρω οὐ τῷ ἀποτείνειν ἐκεῖ τὴν διάνοιαν, ὥσπερ τὴν ὄψιν φασί τινες (καὶ γὰρ μὴ ὄντων ὁμοίως νοήσει), ἀλλὰ τῇ ἀνάλογον κινήσει· ἔστι γὰρ ἐν αὐτῇ τὰ ὅμοια σχήματα καὶ κινήσεις), so ist damit gesagt (vgl. S. 4 Anm. 7,), dass die διάνοια auch auf ein räumlich und zeitlich bestimmtes Individuelles, also auf etwas Sinnfälliges als solches gehen könne. Dadurch erklärt es sich auch, wie Aristoteles das διανοεῖσθαι als eine Art körperlicher, von der Seele ausgehender Bewegung fassen kann, wenn er deren Wesen auch nicht näher bestimmen will (de an. I, 4, ₁₁. 408b 5—11: εἰ γὰρ καὶ ὅτι μάλιστα τὸ λυπεῖσθαι ἢ χαίρειν ἢ διανοεῖσθαι κινήσεις εἰσί, καὶ ἕκαστον κινεῖσθαι τούτων, τὸ δὲ κινεῖσθαί ἐστιν ὑπὸ τῆς ψυχῆς, οἷον τὸ ὀργίζεσθαι ἢ φοβεῖσθαι τὸ τὴν καρδίαν ὡδὶ κινεῖσθαι, τὸ δὲ διανοεῖσθαι ἢ τὸ τοῦτο ἴσως ἢ ἕτερόν τι [d. h. ἢ τὸ τὴν καρδίαν ἢ ἕτερόν τι κινεῖσθαι], τούτων δὲ συμβαίνει τὰ μὲν κατὰ φορὰν τινῶν κινουμένων, τὰ δὲ κατ' ἀλλοίωσιν κτλ. [m. d. Emendationen von Bonitz, Arist. Studien II. Sitzungsber. d. Wiener Akad. d. Wissensch. XLI. S. 397—399]). An letztere Auffassung erinnert es, wenn er anderswo davon spricht, dass das Alter die διάνοια geradeso treffe, wie den Körper (polit. II, 9. 1270b 40: ἔστι γάρ, ὥσπερ καὶ σώματος, καὶ διανοίας γῆρας), während doch dem νοῦς an sich das Alter keinen Schaden zufügen soll (de an. I, 4, ₁₃. 408b 18: ὁ δὲ νοῦς ἔοικεν ἐγγίγνεσθαι οὐσία τις οὖσα καὶ οὐ φθείρεσθαι. μάλιστα γὰρ ἐφθείρετ' ἄν ὑπὸ τῆς ἐν τῷ γήρᾳ ἀμαυρώσεως.), sowie die anderweitige Behauptung, die Beweglichkeit der διάνοια nicht minder wie die des innern Sinnes werde durch eine zu grosse Schwere der obern Körpertheile beeinträchtigt (de part. an. IV, 10. 686a 30: τὸ γὰρ βάρος [τοῦ ἄνωθεν ἐπικειμένου σώματος] δυσκίνητον ποιεῖ τὴν διάνοιαν καὶ τὴν κοινὴν αἴσθησιν). Endlich gehört noch die Behauptung hieher, die Thiere hätten, wenn auch keine διάνοια im strengen Sinne (de part. an. I, 1. 641b 7: ὑπάρχει γὰρ ἡ φορὰ καὶ ἐν ἑτέροις τῶν ζῴων, διάνοια δ' οὐδενί.), so doch eine Art von διάνοια (hist. an. IX, 7. 612b 18: ὅλως δὲ περὶ τοὺς βίους πολλὰ ἂν θεωρηθείη μιμήματα τῶν ἄλλων ζῴων τῆς ἀνθρωπίνης ζωῆς, καὶ μᾶλλον ἐπὶ τῶν ἐλαττόνων ἢ μειζόνων ἴδοι τις ἂν τὴν τῆς διανοίας ἀκρίβειαν), während er ihnen nirgendwo eine Art von νοῦς θεωρητικός zutheilt.

standeserkenntniss im Sinnlichen enthalten ist¹), indem der Verstand den im Phantasma noch verhüllt eingeschlossenen Begriff als solchen ausspricht, so verhalten sich auch auf der subjektiven Seite das sensitive und das (niedere) Denkvermögen nicht wie zwei verschiedene Dinge, sondern es waltet zwischen beiden dasselbe Verhältniss ob, wie zwischen einer krummen Linie und derselben krummen Linie, wenn sie gerade ausgezogen wird²).

1) de an. III, 7, 3. 431 b 2: τὰ μὲν οὖν εἴδη τὸ νοητικὸν ἐν τοῖς φαντάσμασι νοεῖ. III, 7, 3. 431a 16—17. III, 8, 3. 432a 12—14. a 8. de memor. 1. 449b 31—450a 9. 450 a 12—13. 23—25.
2) de an. III, 3, 7. 429b 12: τὸ σαρκὶ εἶναι καὶ σάρκα ἢ ἄλλῳ ἢ ἄλλως ἔχοντι κρίνει· ἡ γὰρ σὰρξ οὐκ ἄνευ τῆς ὕλης, ἀλλ' ὥσπερ τὸ σιμόν, τόδε ἐν τῷδε. τῷ μὲν οὖν αἰσθητικῷ τὸ θερμὸν καὶ τὸ ψυχρὸν κρίνει, καὶ ὧν λόγος τις ἡ σάρξ· ἄλλῳ δὲ ἤτοι χωριστῷ, ἢ ὡς ἡ κεκλασμένη ἔχει πρὸς αὑτὴν ὅταν ἐκταθῇ, τὸ σαρκὶ εἶναι κρίνει. Mit Brandis, Handbuch der Gesch. d. Griechisch-Römischen Philosophie II², S. 1177 halte ich letzteres für die Ansicht des Aristoteles.

DIE SINNE.

A. Die peripherischen Vermögen der Wahrnehmung.

I. Das Wahrnehmen.

Mit den Sinnen nehmen wir die Aussenwelt wahr [1]). Die Genesis dieses Vorgangs ist nach Aristoteles folgende.

Vor der aktuellen Wahrnehmung ist das wahrnehmbare Objekt in der Aussenwelt als solches, d. h. als wahrgenommenes, ebenso erst der Möglichkeit nach vorhanden, wie das Wahrnehmende als solches, d. h. als Wahrnehmendes [2]). Doch waltet immerhin ein wichtiger Unterschied zwischen beiden ob. Ist das Ding an sich auch erst in der Möglichkeit, wahrgenommen zu werden, so hat es doch schon aktuell gewisse Eigenschaften [3]), zu denen der Sinn sich in Möglichkeit

---

1) de an. II, 6, 6. 417 b 20: τοῦ μὲν (τοῦ αἰσθάνεσθαι) τὰ ποιητικὰ τῆς ἐνεργείας ἔξωθεν, τὸ ὁρατὸν καὶ τὸ ἀκουστόν, ὁμοίως δὲ καὶ τὰ λοιπὰ τῶν αἰσθητῶν, während das Objekt der Verstandeserkenntniss ἐν αὐτῇ πώς ἐστι τῇ ψυχῇ (b 23—24).

2) de an. II, 5, 2. 417 a 12: διχῶς ἂν λέγοιτο καὶ ἡ αἴσθησις, ἡ μὲν ὡς δυνάμει, ἡ δὲ ὡς ἐνεργείᾳ. ὁμοίως δὲ καὶ τὸ αἰσθητόν, τό τε δυνάμει ὂν καὶ τὸ ἐνεργείᾳ. ebend. III, 2, 7. 426 a 15. ἐπεὶ δὲ μία μέν ἐστιν ἡ ἐνέργεια ἡ τοῦ αἰσθητοῦ καὶ ἡ τοῦ αἰσθητικοῦ, τὸ δ᾽ εἶναι ἕτερον, ἀνάγκη ἅμα φθείρεσθαι καὶ σώζεσθαι τὴν οὕτω λεγομένην ἀκοήν (die ἐνέργεια des Sinnes) καὶ ψόφον (die ἐνέργεια des Objekts), καὶ χυμὸν δὴ καὶ γεῦσιν καὶ τὰ ἄλλα ὁμοίως· τὰ δὲ κατὰ δύναμιν λεγόμενα οὐκ ἀνάγκη.

3) metaph. III, 5. 1010 b 30: ὅλως τ᾽ εἴπερ ἔστι τὸ αἰσθητὸν μόνον (wie die Anhänger des Protagoras wollten), οὐθὲν ἂν εἴη μὴ ὄντων τῶν ἐμψύχων· αἴσθησις γὰρ οὐκ ἂν εἴη. τὸ μὲν οὖν μήτε τὰ αἰσθητὰ εἶναι μήτε τὰ αἰσθήματα ἴσως ἀληθές (τοῦ γὰρ αἰσθανομένου πάθος τοῦτό ἐστι), τὸ δὲ τὰ ὑποκείμενα μὴ εἶναι, ἃ ποιεῖ τὴν αἴσθησιν, καὶ ἄνευ αἰσθήσεως, ἀδύνατον (vgl. Bonitz zu dieser Stelle). de an. II, 8, 6. 420 a 26: αἱ δὲ διαφοραὶ τῶν ψοφούντων ἐν τῷ κατ᾽ ἐνέργειαν ψόφῳ δηλοῦνται (offenbaren sich die Verschiedenheiten

befindet[1]), während auf der andern Seite das Wahrnehmungsvermögen noch rein potentiell ist[2]).
Damit ist die Möglichkeit einer Einwirkung des Objekts auf das Subjekt gegeben. Das Wahrnehmen beruht nämlich auf einer Bewegung, einem Leiden[3]). Alle Bewegung und alles Leiden geht aber von einem Aktuellen aus auf ein Potentielles[4]), indem Ersteres das Letztere, welches ihm vorher der Potenz nach zwar gleich, aber der Aktualität nach ungleich war[5]), jetzt in Wirklichkeit sich selbst gleich[6]),

---

der tönenden Körper beim wirklichen Hören, so müssen sie vorher schon vorhanden gewesen sein). Categ. 7. 8 a 3—6. Durch die im Texte gemachte Unterscheidung lässt sich, wie mir scheinen will, der Einwand Kampe's (Erkenntnisstheorie des Aristoteles. Leipzig 1870, S. 80. Anm.) gegen Prantl auf eine sehr einfache Weise lösen.

1) de an. II, 5,$_7$. 418 a 3: τὸ δ' αἰσθητικὸν δυνάμει ἐστὶν οἷον τὸ αἰσθητὸν ἤδη ἐντελεχείᾳ.

2) de an. II, 5,$_2$. 417 a 6: δῆλον οὖν ὅτι τὸ αἰσθητικὸν οὐκ ἔστιν ἐνεργείᾳ, ἀλλὰ δυνάμει μόνον.

3) de an. II, 5,$_1$. 416 b 33: ἡ δ' αἴσθησις ἐν τῷ κινεῖσθαί τε καὶ πάσχειν συμβαίνει. phys. VII, 2. 244 b 11: ἡ γὰρ αἴσθησις ἡ κατ' ἐνέργειαν κίνησίς ἐστι διὰ σώματος, πασχούσης τι τῆς αἰσθήσεως. de gener. an. V, 1. 780 a 3: ἔστι δ' ἡ τούτου τοῦ μορίου (τοῦ ὄμματος) κίνησις ὅρασις. de an. II, 7,$_6$. 419 a 17: πάσχοντος γάρ τι τοῦ αἰσθητικοῦ γίνεται τὸ ὁρᾶν. ebend. II, 11,$_{11}$. 423 b 31 f. III, 4,$_2$ 429 a 13—15. phys. VIII, 2. 253 a 19.

4) de part. an. II, 1. 647 a 8: πάσχει δὲ τὸ δυνάμει ὂν ὑπὸ τοῦ ἐνεργείᾳ ὄντος, ὥστε ἔστι τὸ αὐτὸ τῷ γένει καὶ κινεῖται ὑπὸ τοῦ ποιητικοῦ καὶ ἐνεργείᾳ ὄντος. ebend. III, 7,$_1$. 431 a 3: ἔστι γὰρ ἐξ ἐντελεχείᾳ ὄντος πάντα τὰ γιγνόμενα. de gener. an. II, 1. 734 a 30: ὑπὸ τοῦ ἐντελεχείᾳ ὄντος τὸ δυνάμει ὂν γίνεται ἐν τοῖς φύσει ἢ τέχνῃ γινομένοις. ebend. b 21: ὅσα φύσει γίγνεται ἢ τέχνῃ, ὑπ' ἐνεργείᾳ ὄντος γίνεται ἐκ τοῦ δυνάμει τοιούτου.

5) Denn alle Bewegung findet zwischen Gegensätzen statt: de coelo IV, 3. 310 a 23: ἐπεὶ γὰρ εἰσι τρεῖς αἱ κινήσεις, ἡ μὲν κατὰ μέγεθος, ἡ δὲ κατ' εἶδος, ἡ δὲ κατὰ τόπον, ἐν ἑκάστῃ τούτων τὴν μεταβολὴν ὁρῶμεν γινομένην ἐκ τῶν ἐναντίων εἰς τὰ ἐναντία καὶ τὰ μεταξὺ καὶ οὐκ εἰς τὸ τυχὸν τῷ τυχόντι μεταβολὴν οὖσαν. phys. VIII, 7. 261 a 32: ἅπασαι γὰρ ἐξ ἀντικειμένων εἰς ἀντικείμενά εἰσιν 'αἱ κινήσεις καὶ μεταβολαί. de gener. et corr. I, 7. 324 a 11: τό τε γὰρ ποιοῦν καὶ τὸ πάσχον ἐναντία ἐστί. ebend. a 8. phys. I, 5. 188 a 31 ff. de an. II, 4,$_{10}$. 416 a 31—34. Vgl. Theophrast, fragm. I. de sensu 6,$_{32}$ (Theophrasti Eresii opera, rec. Fr. Wimmer, Paris, Firmin Didot, 1866, pag. 327, 18—20): τὸ μὲν οὖν τοῖς ἐναντίοις ποιεῖν τὴν αἴσθησιν (von Anaxagoras ist die Rede) ἔχει καὶ λόγον ὥσπερ ἐλέχθη· δοκεῖ γὰρ ἡ ἀλλοίωσις οὐχ ὑπὸ τῶν ὁμοίων, ἀλλ' ὑπὸ τῶν ἐναντίων εἶναι.

6) de an. II, 11,$_{11}$. 424 a 1: ὥστε τὸ ποιοῦν οἷον αὐτὸ ἐνεργείᾳ, τοιοῦτον ἐκεῖνο ποιεῖ τὸ δυνάμει ὄν.

zu sich selbst macht [1]). Deshalb muss auch die Wahrnehmung gefasst werden als eine vom Objekte ausgehende Bewegung auf den zu diesem im Verhältniss der Möglichkeit [2]) und darum in der Mitte der Extreme, zwischen welchen das Objekt sich bewegen kann [3]), befindlichen Sinn, wodurch dem Sinn die Wirklichkeit des Objekts mitgetheilt [4]), wodurch er also gewissermassen das Objekt selber wird [5]). Sie ist eine qualitative Verwandlung (ἀλλοίωσις) [6]), aber nicht im gewöhnlichen Sinne [7]); denn sie beraubt den Sinn nicht einer Eigenschaft, sondern führt ihn zu einer Qualität hinüber, die potentiell schon in seiner Natur angelegt ist [8]); sie besteht nicht in einem Erleiden, wodurch etwas zerstört, sondern wodurch etwas erhalten wird [9]). Darum fällt sie auch nicht

---

1) de gener. et corr. I, 7. 324 a 12: ὥστ' ἀνάγκη τὸ πάσχον εἰς τὸ ποιοῦν μεταβάλλειν.

2) de sensu 2. 438 b 22: τὸ γὰρ αἰσθητὸν ἐνεργεῖν ποιεῖ τὴν αἴσθησιν, ὥσθ' ὑπάρχειν ἀνάγκη αὐτὴν δυνάμει πρότερον. metaph. III, 5. 1010 b 35: οὐ γὰρ δὴ ἥ γ' αἴσθησις αὐτὴ ἑαυτῆς ἐστιν, ἀλλ' ἔστι τι καὶ ἕτερον παρὰ τὴν αἴσθησιν, ὃ ἀνάγκη πρότερον εἶναι τῆς αἰσθήσεως· τὸ γὰρ κινοῦν τοῦ κινουμένου φύσει πρότερόν ἐστι. de an. III, 7, 1. 431 a 4—5. categ. 7. 7 b 36 ff.

3) In der Mitte zwischen beiden Extremen muss der Sinn liegen, damit, wenn er durch die Einwirkung eines Objektes aus dieser Indifferenz herausgeführt ist, die Differenz empfunden werde: de an. II, 11,11. 424 a 6: τὸ γὰρ μέσον κριτικόν· γίνεται γὰρ πρὸς ἑκάτερον αὐτῶν θάτερον τῶν ἄκρων· καὶ δεῖ ὥσπερ τὸ μέλλον αἰσθήσεσθαι λευκοῦ καὶ μέλανος μηδέτερον αὐτῶν εἶναι ἐνεργείᾳ, δυνάμει δ' ἄμφω, (οὕτω δὲ καὶ ἐπὶ τῶν ἄλλων,) καὶ ἐπὶ τῆς ἁφῆς μήτε θερμὸν μήτε ψυχρόν.

4) de an. III, 2, 4. 425 b 25: ἡ δὲ τοῦ αἰσθητοῦ ἐνέργεια καὶ τῆς αἰσθήσεως ἡ αὐτὴ μέν ἐστι καὶ μία κτλ. obend. §. 7. 426 a 15: ἐπεὶ δὲ μία μέν ἐστιν ἡ ἐνέργεια ἡ τοῦ αἰσθητοῦ καὶ ἡ τοῦ αἰσθητικοῦ. de sensu 3. 439 a 13—16.

5) de an. III, 8, 1. 431 b 22: ἔστι δ' ἡ ἐπιστήμη μὲν τὰ ἐπιστητά πως, ἡ δ' αἴσθησις τὰ αἰσθητά.

6) de somn. 2. 459 b 4: ἐπειδή ἐστιν ἀλλοίωσίς τις ἡ κατ' ἐνέργειαν αἴσθησις. de an. II, 4,6. 415 b 24: ἡ μὲν γὰρ αἴσθησις ἀλλοίωσίς τις εἶναι δοκεῖ. phys. VII, 3. 247 a 7: ἀλλοιοῦται δ' ὑπὸ τῶν αἰσθητῶν (τὸ αἰσθητικὸν μέρος). de an. II, 5, 1 416 b 34—35. metaph. III, 5. 1009 b 13. phys. VII, 2. 244 b 6—12. 245 b 2—3. obend. VII, 3. 248 a 6—8.

7) de an. II, 5, 3. 417 b 7: ἕτερον γένος ἀλλοιώσεως.

8) de an. II, 5, 5. 417 b 12: τὸ δὲ μανθάνον καὶ λαμβάνον ἐπιστήμην ὑπὸ τοῦ ἐντελεχείᾳ ὄντος ἤτοι οὐδὲ πάσχειν φατέον, ὥσπερ εἴρηται, ἢ δύο τρόπους εἶναι ἀλλοιώσεως, τήν τε ἐπὶ τὰς στερητικὰς διαθέσεις μεταβολὴν καὶ τὴν ἐπὶ τὰς ἕξεις καὶ τὴν φύσιν, was nach dem Zusammenhange der Stelle auf die Wahrnehmung zu übertragen ist. Vgl. Volkmann, die Grundzüge der Aristotel. Psychologie, Prag 1858. S. 19.

9) de an. II, 5, 3. 417 b 2: οὐκ ἔστι δ' ἁπλοῦν οὐδὲ τὸ πάσχειν, ἀλλὰ τὸ μὲν φθορά τις ὑπὸ τοῦ ἐναντίου, τὸ δὲ σωτηρία μᾶλλον τοῦ δυνάμει ὄντος,

unter den Begriff der Bewegung, insofern diese eine unvollendete, im Flusse und Uebergange zu einer andern befindliche Wirklichkeit ist [1]), die Wirklichkeit eines noch Unvollendeten [2]), eines Potenziellen in soweit es potentiell ist [3]), sondern ist eine andere Art von Bewegung, eine Thätigkeit schlechthin ($ἁπλῶς\ ἐνέργεια$), welche im Gegensatze zu der die Vollendung erst herbeiführenden Bewegung im eigentlichen Sinne die Thätigkeit eines schon Vollendeten ist und ihren Zweck und ihr Ziel in sich selber findet [4]).

Diese Einwirkung des Objektes ist nun aber nicht so zu fassen, als ob dasselbe in seiner groben Materialität in den Sinn eingehe [5]); das Einswerden beider wird vielmehr dadurch bewirkt, dass der Sinn die Form ($εἶδος$) des Objekts ohne seine Materie in sich aufnimmt [6]).

$ὑπὸ\ τοῦ\ ἐντελεχείᾳ\ ὄντος\ καὶ\ ὁμοίου,\ οὕτως\ ὡς\ δύναμις\ ἔχει\ πρὸς\ ἐντελέχειαν$. Letztere Weise gilt für die Wahrnehmung; vgl. ebend. II, 10, 4. 422 b 2: $πάσχει\ γάρ\ τι\ ἡ\ γεῦσις\ ὑπὸ\ τοῦ\ γευστοῦ,\ ᾗ\ γευστόν.\ ἀναγκαῖον\ ἄρα\ ὑγρανθῆναι\ τὸ\ δυνάμενον\ μὲν\ ὑγραίνεσθαι\ σωζόμενον,\ μὴ\ ὑγρὸν\ δέ,\ τὸ\ γευστικὸν\ αἰσθητήριον$. Vgl. Beck, Aristoteles de sensuum actione, Berol. 1840. S. 4.

1) phys. III, 2. 201 b 31: $ἥ\ τε\ κίνησις\ ἐνέργεια\ μέν\ τις\ εἶναι\ δοκεῖ,\ ἀτελὴς\ δέ$. ebend. VIII, 5. 257 b 8: $ἔστι\ δ'\ ἡ\ κίνησις\ ἐντελέχεια\ κινητοῦ\ ἀτελής$. metaph. IX, 9. 1066 a 20—21. VIII, 6. 1048 b 28—29. de an. II, 5, 3. 417 a 16. Simplicius, in phys. fol. 97 b (Brandis, schol. 359 b 16): $Ἀριστοτέλης\ δὲ\ καὶ\ οἱ\ τούτου\ φίλοι\ τὴν\ μὲν\ κίνησιν\ ἐνέργειαν\ λέγουσιν,\ οὐ\ πᾶσαν\ δὲ\ ἐνέργειαν\ κίνησιν·\ οὐ\ γὰρ\ δὴ\ καὶ\ τὴν\ τελείαν$. Vgl. Bonitz, Metaph. S. 306 f.

2) de an. III, 7, 1. 431 a 6: $ἡ\ γὰρ\ κίνησις\ τοῦ\ ἀτελοῦς\ ἐνέργεια\ ἦν$.

3) phys. III, 1. 201 b 4: $ἡ\ τοῦ\ δυνατοῦ,\ ᾗ\ δυνατόν,\ ἐντελέχεια\ ..\ κίνησίς\ ἐστιν$. metaph. X, 9. 1065 b 16: $τὴν\ τοῦ\ δυνάμει,\ ᾗ\ τοιοῦτόν\ ἐστιν,\ ἐνέργειαν\ λέγω\ κίνησιν$. phys. III, 1. 201 a 10—11. Vgl. Brentano, Von der mannigfachen Bedeutung des Seienden bei Aristoteles, Freiburg i. Br. 1862. S. 52—72.

4) de an. III, 7, 1. 431 a 5: ... $οὐδ'\ ἀλλοιοῦται.\ διὸ\ ἄλλο\ εἶδος\ τοῦτο\ κινήσεως·\ ἡ\ γὰρ\ κίνησις\ τοῦ\ ἀτελοῦς\ ἐνέργεια\ ἦν,\ ἡ\ δ'\ ἁπλῶς\ ἐνέργεια\ ἑτέρα\ ἡ\ τοῦ\ τετελεσμένου$. Vgl. Trendelenburg, de anima, pag. 510: „Motus igitur alioquin imperfecti actio, sensus vero ita in actione positus, ut ea ipsa absolvatur. Motus, dum in reliquis quasi transitus est, vel via, qua quid ad finem ducitur, in sensibus finis est ipse, quo continetur."

5) de an. II, 12, 1. 424 a 17: $ἡ\ μὲν\ αἴσθησίς\ ἐστι\ τὸ\ δεκτικὸν\ τῶν\ αἰσθητῶν\ ἄνευ\ τῆς\ ὕλης$. ebend. III, 2, 3. 425 b 23: $τὸ\ γὰρ\ αἰσθητήριον\ δεκτικὸν\ τοῦ\ αἰσθητοῦ\ ἄνευ\ τῆς\ ὕλης\ ἕκαστον$. ebend. III, 12, 2. 434 a 29—30.

6) de an. III, 8, 2. 431 b 26: $τῆς\ δὲ\ ψυχῆς\ τὸ\ αἰσθητικὸν\ καὶ\ τὸ\ ἐπιστημονικὸν\ δυνάμει\ ταὐτά\ ἐστιν,\ τὸ\ μὲν\ ἐπιστημονικὸν\ τὸ\ ἐπιστητόν,\ τὸ\ δὲ\ αἰσθητικὸν\ τὸ\ αἰσθητόν.\ ἀνάγκη\ δ'\ ἢ\ αὐτὰ\ ἢ\ τὰ\ εἴδη\ εἶναι.\ αὐτὰ\ μὲν\ γὰρ\ δὴ\ οὔκ.\ οὐ\ γὰρ\ ὁ\ λίθος\ ἐν\ τῇ\ ψυχῇ,\ ἀλλὰ\ τὸ\ εἶδος.\ ...\ ἡ\ αἴσθησις\ εἶδος\ αἰσθητῶν$.

Wie im Wachs die blosse Form des Siegelringes sich ausprägt, nicht aber das Erz oder das Gold, woraus der Ring verfertigt ist, so nimmt der Sinn auch nur ein Bild [1]) des Objektes auf; er leidet vom Objekte nicht nach der materiellen, sondern nach der begrifflichen Seite desselben [2]), während die Pflanze, eben weil sie von allem nur einen materiellen Eindruck erleidet, nicht mit der Wahrnehmung begabt ist [3]). Auch ergibt sich hieraus, dass die Sinnesempfindung nicht in der bloss materiellen Veränderung des Organs aufgeht, sondern dass sie eine intentionale Thätigkeit darstellt [4]).

Da also die Thätigkeit, welche das Objekt auf den Sinn ausübt, von der begrifflichen Seite desselben ausgeht, so erfassen wir in der Wahrnehmung zwar das Individuelle [5]), aber nicht das Individuelle, insoweit es ein Individuelles ist, sondern insoweit es ein Allgemeines einschliesst; wir nehmen den Kallias sinnlich wahr, nicht insoweit er dieser individuelle Kallias, sondern insoweit er ein Mensch ist [6]). Gleich-

---

1) de memor. 1. 450 a 30: ἡ γὰρ γινομένη κίνησις ἐνσημαίνεται οἷον τύπον τινὰ τοῦ αἰσθήματος, καθάπερ οἱ σφραγιζόμενοι τοῖς δακτυλίοις.

2) de an. II, 12, ₁. 424 a 19: οἷον ὁ κηρὸς τοῦ δακτυλίου ἄνευ τοῦ σιδήρου καὶ τοῦ χρυσοῦ δέχεται τὸ σημεῖον, λαμβάνει δὲ τὸ χρυσοῦν ἢ τὸ χαλκοῦν σημεῖον, ἀλλ' οὐχ ᾗ χρυσὸς ἢ χαλκός· ὁμοίως δὲ καὶ ἡ αἴσθησις ἑκάστου ὑπὸ τοῦ ἔχοντος χρῶμα ἢ χυμὸν ἢ ψόφον πάσχει, ἀλλ' οὐχ ᾗ ἕκαστον ἐκείνων λέγεται, ἀλλ' ᾗ τοιονδί, καὶ κατὰ τὸν λόγον, womit vgl. phys. II, 1. 193 a 31: τὸ εἶδος τὸ κατὰ τὸν λόγον. ebend. I, 7. 190 a 16: τὸ γὰρ εἴδει λέγω καὶ λόγῳ ταὐτόν. II, 1. 193 b 1—2. vgl. S. 6. Anm. 1.

3) de an. II, 12, ₄. 424 a 32: καὶ διὰ τί ποτε τὰ φυτὰ οὐκ αἰσθάνεται, ἔχοντά τε μόριον ψυχικὸν καὶ πάσχοντά τι ὑπὸ τῶν ἁπτῶν· καὶ γὰρ ψύχεται καὶ θερμαίνεται· αἴτιον γὰρ τὸ μὴ ἔχειν μεσότητα, μηδὲ τοιαύτην ἀρχὴν οἵαν τὰ εἴδη δέχεσθαι τῶν αἰσθητῶν, ἀλλὰ πάσχειν μετὰ τῆς ὕλης. Die Pflanze nimmt also Materielles auf materielle Weise auf, der Sinn Materielles auf immaterielle Weise, der Verstand Immaterielles auf immaterielle Weise.

4) Vgl. Anm. 2 u. 3 auf dieser S. Ebenso hebt Aristoteles es für die Sprache hervor, dass zu dem rein somatischen noch ein psychisches Element hinzukommen müsse: de an. II, 8, ₁₁. 420 b 29: οὐ γὰρ πᾶς ζῴου ψόφος φωνή, καθάπερ εἴπομεν (ἔστι γὰρ καὶ τῇ γλώττῃ ψοφεῖν καὶ ὡς οἱ βήττοντες), ἀλλὰ δεῖ ἔμψυχόν τε εἶναι τὸ τύπτον καὶ μετὰ φαντασίας τινός. Schell, Einheit u. s. w., S. 43: „Wenn auch das eigentliche Sehen nicht mit dem, was die κόρη leidet, identisch ist, so dass beide sich deckten, so verhalten sich psychische und physische Theile so, dass letzterer die materia propria des seelischen Sehens ist."

5) Vgl. S. 4. Anm. 7 und S. 5. Anm. 1.

6) anal. post. I, 31. 87 b 28: .. εἰ γὰρ καὶ ἔστιν ἡ αἴσθησις τοῦ τοιοῦδε καὶ μὴ τοῦδέ τινος. ebend. II, 19. 100 a 16: καὶ γὰρ αἰσθάνεται μὲν τὸ καθ' ἕκαστον, ἡ δ' αἴσθησις τοῦ καθόλου ἐστίν, οἷον ἀνθρώπου, ἀλλ' οὐ Καλλίου ἀνθρώπου. de an. II, 12, ₁. 424 a 23—24 (Anm. 2 auf dieser S.).

wol fällt deshalb Wahrnehmen und Denken nicht in eins zusammen; denn der Sinn vermag nicht, wie der Verstand, das Allgemeine als Allgemeines aufzufassen; er erkennt es nicht als ein immer und überall Geltendes, sondern erfasst es, ohne Sonderung vom Individuellen als solchem, örtlich und zeitlich determinirt [1]).

Schliesslich noch eine Bemerkung. Man macht den Aristoteles oft zu einem Hauptvertreter des naiven Realismus, und gewiss in mancher Beziehung nicht mit Unrecht. Gleichwol ist auch hier der Scharfsinn unsers Stagiriten zu bewundern, der ihn die triviale Form desselben gänzlich überwinden liess. Das Wahrnehmen ist ihm kein reales Umfassen des wahrgenommenen Gegenstandes, als ob die Seele wie ein Polyp ihre Fangarme aus sich herausstrecke. Weder geht beim Sehen ein Strahl aus dem Auge zum gesehenen Objekte [2]) noch findet ein körperlicher Ausfluss aus diesem zum Auge hin statt [3]), und gerade diese Lehre von den körperlichen Ausflüssen wird Aristoteles nicht müde, immer wieder vom neuen zu bekämpfen. Der Akt der sinnlichen Wahrnehmung ist vielmehr etwas durchaus Immanentes, was innerhalb der an sich zu jenem Akte in der Möglichkeit nur befindlichen Seele durch das Objekt hervorgerufen wird. Denn die Bewegung ist nicht in dem, was aktiv bewegt — hier also dem Objekt — als ihrem Subjekte, sondern in dem, was passiv bewegt wird — in unserm Falle also in der sensitiven Seele [4]). Indem diese Bewegung aber als ein

---

1) anal. post. I, 31. 87 b 28: οὐδὲ δι᾽ αἰσθήσεως ἔστιν ἐπίστασθαι. εἰ γὰρ καὶ ἔστιν ἡ αἴσθησις τοῦ τοιοῦδε καὶ μὴ τοῦδέ τινος, ἀλλ᾽ αἰσθάνεσθαί γε ἀναγκαῖον τόδε τι καὶ ποῦ καὶ νῦν. τὸ δὲ [καθόλου καὶ ἐπὶ πᾶσιν ἀδύνατον αἰσθάνεσθαι· οὐ γὰρ τόδε οὐδὲ νῦν. οὐ γὰρ ἂν ἦν καθόλου· τὸ γὰρ ἀεὶ καὶ πανταχοῦ καθόλου φαμὲν εἶναι. ἐπεὶ οὖν αἱ μὲν ἀποδείξεις καθόλου, ταῦτα δ᾽ οὐκ ἔστιν αἰσθάνεσθαι, φανερὸν ὅτι οὐδ᾽ ἐπίστασθαι δι᾽ αἰσθήσεως ἔστιν. Vgl. Kampe, Erkenntnisstheorie d. Aristot. S. 82—87.

2) de sensu 2. 437 b 11: εἴ γε πῦρ ἦν (ὁ ὀφθαλμός), καθάπερ Ἐμπεδοκλῆς φησὶ καὶ ἐν τῷ Τιμαίῳ γέγραπται, καὶ συνέβαινε τὸ ὁρᾶν ἐξιόντος ὥσπερ ἐκ λαμπτῆρος τοῦ φωτός, διὰ τί οὐ καὶ ἐν τῷ σκότει ἑώρα ἂν ἡ ὄψις;

3) Vgl. S. 22. Anm. 9.

4) phys. III, 3. 202 a 13: καὶ τὸ ἀπορούμενον δὲ φανερόν, ὅτι ἐστὶν ἡ κίνησις ἐν τῷ κινητῷ· ἐντελέχεια γάρ ἐστι τούτου, καὶ ὑπὸ τοῦ κινητικοῦ. καὶ ἡ τοῦ κινητικοῦ δὲ ἐνέργεια οὐκ ἄλλη ἐστίν· δεῖ μὲν γὰρ εἶναι ἐντελέχειαν ἀμφοῖν· κινητικὸν μὲν γάρ ἐστι τῷ δύνασθαι, κινοῦν δὲ τῷ ἐνεργεῖν· ἀλλ᾽ ἔστιν ἐνεργητικὸν τοῦ κινητοῦ, ὥστε ὁμοίως μία ἡ ἀμφοῖν ἐνέργεια ὥσπερ τὸ αὐτὸ διάστημα ἓν πρὸς δύο καὶ δύο πρὸς ἕν, καὶ τὸ ἄναντες καὶ τὸ κάταντες· ταῦτα γὰρ ἓν μὲν ἐστιν, ὁ μέντοι λόγος οὐχ εἷς. ὁμοίως δὲ καὶ ἐπὶ τοῦ κινοῦντος καὶ τοῦ κινουμένου. Vgl. Brandis, Handbuch der Gesch. d. Griech.-Röm.

und derselbe Akt, in sich die beiden, nur dem Begriffe nach verschiedenen Momente des aktiv vom Objekte Ausgehenden und des passiv im Subjekte Bewirkten zusammenfasst, so dass z. B. das aktuelle Tönen des Objekts und das subjektive Hören eine einzige, dem leidenden Subjekte inhärirende, nur dem Begriffe nach geschiedene Bewegung ausmachen [1]), hört die, wiewol durchaus **immanente** Wahrnehmung auf, ein **spontanes** Erzeugniss der Seele zu sein, und es ist ihr so die **Beziehung auf das Ding an sich**, dessen Wirkung sie ist, gesichert.

II. Die fünf Sinne im Einzelnen.
Objekte und Medien, Organe und Vermögen als solche.

Göthe sagt irgendwo: „Aristoteles steht zu der Welt, wie ein Mann, ein baumeisterlicher. Er ist nun einmal hier und soll hier wirken und schaffen. Er erkundigt sich nach dem Boden, aber nicht weiter, als bis er Grund findet. Er umzieht einen ungeheuren Grundkreis für sein Gebäude, schafft Materialien von allen Seiten her, ordnet sie, schichtet sie auf, und steigt so in regelmässiger Form pyramidenartig in die Höhe, wenn Plato, einem Obelisken, ja einer spitzen Flamme gleich den Himmel sucht" [2]).

Mag auch manches in diesem Urtheile des Dichters nicht ganz treffend erscheinen, so sind doch „die empirische Basirung, das geord-

---

Phil. II². S. 723 ff. — Speciell für die Wahrnehmung: de an. III, 2, ₄. 425 b 29: ὅταν δ' ἐνεργῇ τὸ δυνάμενον ἀκούειν καὶ ψοφῇ τὸ δυνάμενον ψοφεῖν, τότε ἡ κατ' ἐνέργειαν ἀκοὴ ἅμα γίνεται καὶ ὁ κατ' ἐνέργειαν ψόφος, ὧν εἴπειεν ἄν τις τὸ μὲν εἶναι ἄκουσιν τὸ δὲ ψόφησιν. εἰ δή ἐστιν ἡ κίνησις καὶ ἡ ποίησις καὶ τὸ πάθος ἐν τῷ ποιουμένῳ, ἀνάγκη καὶ τὸν ψόφον καὶ τὴν ἀκοὴν τὴν κατ' ἐνέργειαν ἐν τῇ κατὰ δύναμιν εἶναι· ἡ γὰρ τοῦ ποιητικοῦ καὶ κινητικοῦ ἐνέργεια ἐν τῷ πάσχοντι ἐγγίνεται. διὸ οὐκ ἀνάγκη τὸ κινοῦν κινεῖσθαι. ebend. §. 6. 426 a 8: ὁ δ' αὐτὸς λόγος καὶ ἐπὶ τῶν ἄλλων αἰσθήσεων καὶ αἰσθητῶν. ὥσπερ γὰρ ἡ ποίησις καὶ ἡ πάθησις ἐν τῷ πάσχοντι ἀλλ' οὐκ ἐν τῷ ποιοῦντι, οὕτω καὶ ἡ τοῦ αἰσθητοῦ ἐνέργεια ἐν τῷ αἰσθητικῷ.

1) de an. III, 2, ₄. 425 b 29: ὅταν δ' ἐνεργῇ τὸ δυνάμενον ἀκούειν καὶ ψοφῇ τὸ δυνάμενον ψοφεῖν, τότε ἡ κατ' ἐνέργειαν ἀκοὴ ἅμα γίνεται καὶ ὁ κατ' ἐνέργειαν ψόφος. §. 7. 426 a 15: ἐπεὶ δὲ μία μέν ἐστιν ἡ ἐνέργεια ἡ τοῦ αἰσθητοῦ καὶ ἡ τοῦ αἰσθητικοῦ, τὸ δ' εἶναι ἕτερον κτλ. §. 4. 425 b 27. Vgl. Kampe, Erkenntnisstheorie u. s. w. S. 60. Scholl, Einheit u. s. w. S. 155.

2) Werke, Bd. 53. S. 85.

nete Aufsteigen, der nüchterne, vernunftklare Blick, der gesunde, praktische Sinn, richtige Züge"[1]), und es tritt uns dieses Gepräge unverkennbar in jeder Entwicklung entgegen, die, dem Geiste des grossen Stagiriten entsprungen, trotz aller widrigen Schicksale, von denen die Schöpfungen des Alterthums so oft betroffen wurden, wie ein befruchtender Strom bis in unsere Zeit ihren Lauf genommen. Oder hat nicht die Aristotelische Logik mit unverwüstlicher Jugendfrische gegenüber den mannigfachsten Anfeindungen sich immer wieder Bahn gebrochen? Zwar nicht dieselbe Gültigkeit für alle Zeiten, welche der Logik des Aristoteles im wesentlichen das Siegel der Vollendung aufgedrückt hat[2]), aber doch ein überraschender Fortschritt gegenüber den Theoremen früherer Philosophen zeigt sich in seiner Lehre von der sinnlichen Wahrnehmung. Da ist nicht mehr eine Reihe bloss aphoristischer Bemerkungen, nicht mehr ein Speculiren ins Blaue hinein, sondern nachdem unser Philosoph zuerst die leitenden Gesichtspunkte für den Gang seiner Forschung festgestellt hat, führt er dann an der Hand derselben vom realen Boden der Erfahrung aus und stets an dieser seine Resultate prüfend in methodischem Fortschritt ein System auf, das Jahrhunderte lang unübertroffen dagestanden und selbst für unsere Tage noch nicht alle Bedeutung verloren hat.

Wollen wir über die Vermögen der Seele sprechen, so müssen wir nach der Lehre des Aristoteles zuerst fragen, was die Wesenheit jedes einzelnen im Besondern sei. Diese Frage jedoch können wir nur beantworten, wenn wir uns zuvor Klarheit über die Akte jedes einzelnen Vermögens verschafft haben. Denn geht auch in der Wirklichkeit das Vermögen dem Akte voraus, so findet doch dem Begriffe nach das umgekehrte Verhältniss statt; dem Begriffe nach ist nicht das Vermögen das Erste, sondern der Zweck, um dessentwillen das Vermögen da ist, d. h. sein Akt[3]). Bei der Betrachtung des Aktes

---

[1] Ueberweg, Grundriss der Gesch. d. Philos. d. Alterthums. 4. Aufl. S. 151.

[2] Kant, Vorrede zur 2. Aufl. der Kritik der reinen Vernunft (herausg. von J. H. v. Kirchmann, 2. Aufl. Berlin 1870. S. 22): „Dass die Logik diesen sichern Gang (einer Wissenschaft) schon von den ältesten Zeiten her gegangen sei, lässt sich daraus ersehen, dass sie seit dem Aristoteles keinen Schritt rückwärts hat thun dürfen. . . . Merkwürdig ist noch an ihr, dass sie auch bis jetzt keinen Schritt vorwärts hat thun können, und also allem Ansehen nach geschlossen und vollendet zu sein scheint."

[3] de part. an. I, 1. 639 b 11: ἐπεὶ πλείους ὁρῶμεν αἰτίας περὶ τὴν γένεσιν τὴν φυσικήν, οἷον τὴν θ᾽ οὗ ἕνεκα καὶ τὴν ὅθεν ἡ ἀρχὴ τῆς κινήσεως, διοριστέον καὶ περὶ τούτων, ποία πρώτη καὶ δευτέρα πέφυκεν. φαίνεται δὲ πρώτη, ἣν

aber haben wir vom Objekte desselben unsern Ausgangspunkt zu nehmen[1]). Denn es gibt keinen Akt[2]), speciell keine Wahrnehmung[3]), ohne Objekt, und beide stehen in der Beziehung zu einander, dass die Verschiedenheit des Aktes durch die Verschiedenheit des Objektes bedingt wird[4]). Das Erste, was wir zu berücksichtigen haben, ist das Objekt jedes einzelnen Sinnes.

Zweitens das erkennende Subjekt. Das Wahrnehmen ist eine Thätigkeit, die weder der Seele allein, noch dem Leibe allein zukommt, sondern an der beide, Leib und Seele, theilnehmen[5]). Im Subjekte der Wahrnehmung muss mithin ein doppeltes Moment zusammentreten, ein körperliches und ein seelisches. Die nothwendige körperliche Disposition besteht in der zur Aufnahme verschiedener Objekte geeigneten rechten stofflichen Mitte; das seelische Princip ist die eigentliche Kraft der Wahrnehmung. Beide sind für das Zustandekommen der

---

λέγομεν ἕνεκά τινος· λόγος γὰρ οὗτος, ἀρχὴ δ᾽ ὁ λόγος ὁμοίως ἔν τε τοῖς κατὰ τέχνην καὶ ἐν τοῖς φύσει συνεστηκόσιν.

1) de an. II, 4, ₁. 415 a 14: ἀναγκαῖον δὲ τὸν μέλλοντα περὶ τούτων σκέψιν ποιεῖσθαι λαβεῖν ἕκαστον αὐτῶν τί ἐστιν, εἶθ᾽ οὕτως περὶ τῶν ἐχομένων ἢ καὶ περὶ τῶν ἄλλων ἐπιζητεῖν. εἰ δὲ χρὴ λέγειν τί ἕκαστον αὐτῶν, οἷον τί τὸ νοητικὸν ἢ τὸ αἰσθητικὸν ἢ τὸ θρεπτικόν, πρότερον ἔτι λεκτέον τί τὸ νοεῖν καὶ τί τὸ αἰσθάνεσθαι· πρότερον γάρ εἰσι τῶν δυνάμεων αἱ ἐνέργειαι καὶ αἱ πράξεις κατὰ τὸν λόγον. εἰ δ᾽ οὕτως, τούτων δ᾽ ἔτι πρότερα τὰ ἀντικείμενα δεῖ τεθεωρηκέναι, περὶ ἐκείνων πρῶτον ἂν δέοι διορίσαι διὰ τὴν αὐτὴν αἰτίαν. Ebenso vom Gedächtniss de memor. 1. 449 b 9: πρῶτον μὲν οὖν ληπτέον ποῖά ἐστι τὰ μνημονευτά. Vgl. noch categ. 7. 7 b 36.

2) categ. 7. 7 b 29: ἐπιστητοῦ μὲν γὰρ μὴ ὄντος οὐκ ἔστιν ἐπιστήμη (οὐδενὸς γὰρ ἔσται ἐπιστήμη). . . . ὁμοίως δὲ τούτοις καὶ τὰ ἐπὶ τῆς αἰσθήσεως ἔχει . . . . τὸ μὲν γὰρ αἰσθητὸν ἀναιρεθὲν συναναιρεῖ τὴν αἴσθησιν.

3) de an. II, 5, ₆. 417 b 24: διὸ νοῆσαι μὲν ἐπ᾽ αὐτῷ, ὁπόταν βούληται, αἰσθάνεσθαι δ᾽ οὐκ ἐπ᾽ αὐτῷ· ἀναγκαῖον γὰρ ὑπάρχειν τὸ αἰσθητόν.

4) de an. III, 2, ₁₀. 426 b 8: ἑκάστη μὲν οὖν αἴσθησις τοῦ ὑποκειμένου αἰσθητοῦ ἐστιν, ὑπάρχουσα ἐν τῷ αἰσθητηρίῳ ᾗ αἰσθητήριον, καὶ κρίνει τὰς τοῦ ὑποκειμένου αἰσθητοῦ διαφοράς, οἷον λευκὸν μὲν καὶ μέλαν ὄψις, γλυκὺ δὲ καὶ πικρὸν γεῦσις. ὁμοίως δ᾽ ἔχει τοῦτο καὶ ἐπὶ τῶν ἄλλων.

5) de somno. 1. 454 a 7: ἐπεὶ δ᾽ οὔτε τῆς ψυχῆς ἴδιον τὸ αἰσθάνεσθαι οὔτε τοῦ σώματος (οὗ γὰρ ἡ δύναμις, τούτου καὶ ἡ ἐνέργεια· ἡ δὲ λεγομένη αἴσθησις, ὡς ἐνέργεια, κίνησίς τις διὰ τοῦ σώματος τῆς ψυχῆς ἐστι) φανερὸν ὡς οὔτε τῆς ψυχῆς τὸ πάθος ἴδιον, οὔτ᾽ ἄψυχον σῶμα δυνατὸν αἰσθάνεσθαι. phys. VII, 2. 244 b 11: ἡ γὰρ αἴσθησις ἡ κατ᾽ ἐνέργειαν κίνησίς ἐστι διὰ σώματος. de sensu. 1. 436 a 6: φαίνεται δὲ τὰ μέγιστα . . . κοινὰ τῆς ψυχῆς ὄντα καὶ τοῦ σώματος, οἷον αἴσθησις καὶ μνήμη κτλ. ebend. b 6: ἡ δ᾽ αἴσθησις ὅτι διὰ σώματος γίνεται τῇ ψυχῇ δῆλον. de an. I, 1, ₉. 403 a 3—7. Vgl. auch de an. I, 1. 403 a 14—27 und dazu Bonitz im Hermes VII (1873), S. 416—419.

Empfindung unbedingtes Erforderniss; fehlt das eine oder andere, wie bei den Pflanzen, so kann keine Einwirkung von Seiten eines Gegenstandes es bewirken, dass eine Wahrnehmung zu Stande kommt[1]). So ist z. B. zum Sehen sowol die Pupille, als die Sehkraft nöthig[2]). Beide verhalten sich wie Seele und Leib. Die Pupille ist die Materie, die Sehkraft Wesenheit und Begriff, und nach ihrem Schwinden kann das Auge nur noch, wie das Auge einer Bildsäule oder eines Gemäldes, in homonymer Weise Auge genannt werden[3]). — Der vom Vermögen der Wahrnehmung informirte Theil des Leibes heisst Organ[4]). Zwar unentbehrlich zur sinnlichen Erkenntniss[5]), darf dasselbe doch nicht mit dem Vermögen verwechselt werden. Das Organ ist nämlich etwas Ausgedehntes, nicht aber das Sinnesvermögen, sondern es stellt sich dieses als ein Verhältniss, als eine Kraft dar. Aus letzterm Grunde zerstören zu starke Erregungen von Seiten des Objekts den Sinn, indem sie jenes Verhältniss zu Grunde richten, gerade wie die Stimmung der Saiten durch ein zu starkes Anschlagen derselben vernichtet wird[6]).

Drittens endlich ist nach Aristoteles bei jeder Wahrnehmung ein **Medium** vorhanden. Wird das Objekt unmittelbar auf das Sinnes-

---

1) de an. II, 12, ₄. 424 a 32: καὶ διὰ τί ποτε τὰ φυτὰ οὐκ αἰσθάνεται, ἔχοντά τι μόριον ψυχικὸν καὶ πάσχοντά τι ὑπὸ τῶν ἁπτῶν; καὶ γὰρ ψύχεται καὶ θερμαίνεται· αἴτιον γὰρ τὸ μὴ ἔχειν μεσότητα μηδὲ τοιαύτην ἀρχὴν οἵαν τὰ εἴδη δέχεσθαι τῶν αἰσθητῶν, ἀλλὰ πάσχειν μετὰ τῆς ὕλης.

2) de an. II, 1, ₁₁. 413 a 2: ἀλλ' ὥσπερ ὁ ὀφθαλμὸς ἡ κόρη καὶ ἡ ὄψις, κἀκεῖ ἡ ψυχὴ καὶ τὸ σῶμα τὸ ζῷον.

3) de an. II, 1, ₉. 412 b 18: εἰ γὰρ ἦν ὁ ὀφθαλμὸς ζῷον, ψυχὴ ἂν ἦν αὐτοῦ ἡ ὄψις· αὕτη γὰρ οὐσία ὀφθαλμοῦ ἡ κατὰ τὸν λόγον. ὁ δ' ὀφθαλμὸς ὕλη ὄψεως, ἧς ἀπολειπούσης οὐκ ἔστιν ὀφθαλμὸς πλὴν ὁμωνύμως, καθάπερ ὁ λίθινος καὶ ὁ γεγραμμένος. Vgl. S. 1. Anm. 5.

4) de an. II, 12, ₂. 424 a 24: αἰσθητήριον δὲ πρῶτον ἐν ᾧ τοιαύτη δύναμις.

5) Vgl. de an. III, 4, ₄. 429 a 24; wo aus der Voraussetzung, der Verstand sei mit dem Körper vermischt, der Schluss gezogen wird, dass er dann auch qualitätsbegabt sein und ein Organ haben müsste, wie die sensitive Seele: διὸ οὐδὲ μεμῖχθαι εὔλογον αὐτὸν (τὸν νοῦν) τῷ σώματι· ποιός τις γὰρ ἂν γίγνοιτο; ψυχρὸς ἢ θερμός, ἢ κἂν ὄργανόν τι εἴη, ὥσπερ τῷ αἰσθητικῷ.

6) de an. II, 12, ₃. 424 a 25: ἔστι μὲν οὖν ταὐτὸ (nämlich das Organ und das Vermögen), τὸ δ' εἶναι ἕτερον· μέγεθος μὲν γὰρ ἄν τι εἴη τὸ αἰσθανόμενον. οὐ μὴν τό γε αἰσθητικῷ εἶναι οὐδ' ἡ αἴσθησις μέγεθός ἐστιν, ἀλλὰ λόγος τις καὶ δύναμις ἐκείνου. φανερὸν δ' ἐκ τούτων καὶ διὰ τί ποτε τῶν αἰσθητῶν αἱ ὑπερβολαὶ φθείρουσι τὰ αἰσθητήρια· ἐὰν γὰρ ᾖ ἰσχυροτέρα τοῦ αἰσθητηρίου ἡ κίνησις, λύεται ὁ λόγος, (τοῦτο δ' ἦν ἡ αἴσθησις,) ὥσπερ καὶ ἡ συμφωνία καὶ ὁ τόνος τῶν χορδῶν.

organ gebracht, so kann keine Wahrnehmung stattfinden [1]). Anderseits setzt aber ein gegenseitiges Bewegen und Bewegtwerden [2]), ein Thun und Leiden [3]) ein Verändern und Verändertwerden [4]), wie dieses alles bei der Sinnesthätigkeit stattfindet [5]), eine gegenseitige Berührung voraus. Mithin ist es nöthig, dass zwischen Sinn und Objekt ein Zusammenhang hergestellt werde, wodurch die Thätigkeit des einen auf den andern übertragen wird [6]), mit andern Worten, dass alle Wahrnehmung durch ein Medium geschieht, welches, vom Objekte der Wahrnehmung in Bewegung gesetzt, diese selbst dem Sinnesorgane mittheilt [7]).

---

1) de an. II, 9,₆. 421 b 17: καὶ τὸ μὲν ἐπ' αὐτῷ τιθέμενον τῷ αἰσθητηρίῳ ἀναίσθητον εἶναι κοινὸν πάντων. Für die einzelnen Sinne vgl. ebend. 11,₉. 423 b 17: ὅλως δ' ἔοικεν ἡ σὰρξ καὶ ἡ γλῶττα (die Organe des Tast-, resp. Geschmackssinnes) ὡς ὁ ἀὴρ καὶ τὸ ὕδωρ πρὸς τὴν ὄψιν καὶ τὴν ἀκοὴν καὶ τὴν ὄσφρησιν ἔχουσιν, οὕτως ἔχειν πρὸς τὸ αἰσθητήριον ὥσπερ ἐκείνων ἕκαστον. αὐτοῦ δὲ τοῦ αἰσθητηρίου ἁπτομένου οὔτ' ἐκεῖ οὔτ' ἐνταῦθα γένοιτ' ἂν αἴσθησις, οἷον εἴ τις τὸ σῶμα τὸ λευκὸν ἐπὶ τοῦ ὄμματος θείη τὸ ἔσχατον. Für den Gesichtssinn II, 7,₅. 419 a 12: ἐὰν γάρ τις θῇ τὸ ἔχον χρῶμα ἐπ' αὐτὴν τὴν ὄψιν, οὐκ ὄψεται; für den Gehörs- und Geruchssinn edend. §. 8. a 25. ὁ δ' αὐτὸς λόγος καὶ περὶ ψόφου καὶ ὀσμῆς ἐστίν· οὐθὲν γὰρ αὐτῶν ἁπτόμενον τοῦ αἰσθητηρίου ποιεῖ τὴν αἴσθησιν ... ὅταν δ' ἐπ' αὐτό τις ἐπιθῇ τὸ αἰσθητήριον τὸ ψοφοῦν ἢ τὸ ὄζον, οὐδεμίαν αἴσθησιν ποιήσει.

2) de gener. an. II, 1. 734 a 3: κινεῖν τε γὰρ μὴ ἁπτόμενον ἀδύνατον. Vgl. phys. VII, 1. 242 b 24—27. 2. 243 a 5.

3) de gener. et corr. I, 9. 327 a 1: ... ἀπαθές. ὁμοίως δὲ καὶ μὴ θιγγάνοντα μήτε αὐτῶν μήτ' ἄλλων, ἃ ποιεῖν πέφυκε καὶ πάσχειν. ebend. I, 6. 322 b 22: οὔτε γὰρ ποιεῖν ταῦτα καὶ πάσχειν δύναται κυρίως ἃ μὴ οἷόν τε ἅψασθαι ἀλλήλων.

4) phys. VII, 2. 245 a 10: ... ὥστ' οὐδὲν ἔσται μεταξὺ τοῦ ἀλλοιουμένου καὶ τοῦ ἀλλοιοῦντος. ebend. 244 b 2—3. Doch bezieht sich der Ausschluss des Mediums, wie 245 a 2—9 (Anm. 6) beweist, nur auf ein von der Veränderung nicht mitergriffenes Trennendes, welches die äussersten Grenzen des Verändernden und Veränderten nicht verbindet, sondern auseinander hält (ebend. 244 b 3: ἐν ἅπασι γὰρ συμβαίνει ἅμα εἶναι τὸ ἔσχατον ἀλλοιοῦν καὶ τὸ ἀλλοιούμενον).

5) Vgl. S. 11—13.

6) phys. VII, 2. 245 a 2: εἴπερ οὖν ἀλλοιοῦται τὸ ἀλλοιούμενον ὑπὸ τῶν αἰσθητῶν, ἐν ἅπασί γε τούτοις φανερὸν ὅτι ἅμα ἐστὶ τὸ ἔσχατον ἀλλοιοῦν καὶ τὸ πρῶτον ἀλλοιούμενον· τῷ μὲν γὰρ συνεχὴς ὁ ἀήρ, τῷ δ' ἀέρι τὸ σῶμα. πάλιν δὲ τὸ μὲν χρῶμα τῷ φωτί, τὸ δὲ φῶς τῇ ὄψει. τὸν αὐτὸν δὲ τρόπον καὶ ἡ ἀκοὴ καὶ ἡ ὄσφρησις· πρῶτον γὰρ κινοῦν πρὸς τὸ κινούμενον ὁ ἀήρ. καὶ ἐπὶ τῆς γεύσεως ὁμοίως· ἅμα γὰρ τῇ γεύσει ὁ χυμός.

7) de an. II, 11,₇. 423 b 7: αἰσθανόμεθά γε πάντων διὰ τοῦ μέσου. de sensu 3. 440 a 18: κρεῖττον φάναι τῷ κινεῖσθαι τὸ μεταξὺ τῆς αἰσθήσεως ὑπὸ τοῦ αἰσθητοῦ γίνεσθαι τὴν αἴσθησιν. de an. II, 11,₇. 423 b 4: καὶ τὸ σκληρὸν καὶ τὸ μαλακόν (Objekte des Tastsinnes) δι' ἑτέρων αἰσθανόμεθα, ὥσπερ καὶ τὸ ψοφητικὸν καὶ τὸ ὁρατὸν καὶ τὸ ὀσφραντόν. Von Gesicht, Gehör und

Der Sinne sind nun fünf: Gesicht, Gehör, Geruch, Geschmack, Gefühl — nicht mehr und nicht weniger [1]). Betrachten wir im Einzelnen ihre Objekte, Medien und Organe, sowie endlich die einzelnen Sinnesvermögen als solche, d. h. als geistige Kräfte.

1. Objekte.

1) Objekt des Gesichtssinnes ist das Sichtbare [2]). Auch das kontradiktorisch Entgegengesetzte, das Unsichtbare, kann man in gewisser Weise dazu rechnen, wie denn das Entsprechende für alle Sinne gilt [3]).

Geruch ebend. III, 12,₆. 434 b 14: αἱ γὰρ ἄλλαι αἰσθήσεις δι' ἑτέρων αἰσθάνονται, οἷον ὄσφρησις ὄψις ἀκοή. Ebend. III, 13,₁. 435 a 15: πάντα δὲ τῷ δι' ἑτέρων αἰσθάνεσθαι ποιεῖ τὴν αἴσθησιν καὶ διὰ τῶν μεταξύ. de an. II, 7,₅. 419 a 13 vom Gesichtssinne: ἀλλὰ τὸ μὲν χρῶμα κινεῖ τὸ διαφανές, οἷον τὸν ἀέρα, ὑπὸ τούτου δὲ συνεχοῦς ὄντος κινεῖται τὸ αἰσθητήριον. de an. II, 7,₆: πάσχοντος γάρ τι τοῦ αἰσθητικοῦ γίνεται τὸ ὁρᾶν· ὑπ' αὐτοῦ μὲν οὖν τοῦ ὁρωμένου χρώματος ἀδύνατον· λείπεται δὲ ὑπὸ τοῦ μεταξύ (419 a 17 ff.). de sensu 3. 440 a 15—20. Vom Geruch und Gehör: de an. II, 7,₈. 419 a 27: ὑπὸ μὲν ὀσμῆς καὶ ψόφου τὸ μεταξὺ κινεῖται, ὑπὸ δὲ τούτου τῶν αἰσθητηρίων ἑκάτερον. Vom Tast- und Geschmackssinn ebend. a 30: περὶ δὲ τῆς ἁφῆς καὶ γεύσεως ἔχει μὲν ὁμοίως, οὐ φαίνεται δέ. Irrthümlich glaubte Demokrit, das Medium hindere die Wahrnehmung, und nahm deshalb fälschlich an, wenn der Zwischenraum leer wäre, so würden wir selbst eine Mücke am Himmel erkennen; vgl. de an. II, 7,₆. 419 a 15: οὐ καλῶς τοῦτο λέγει Δημόκριτος οἰόμενος, εἰ γένοιτο κενὸν τὸ μεταξύ, ὁρᾶσθαι ἂν ἀκριβῶς καὶ εἰ μύρμηξ ἐν τῷ οὐρανῷ εἴη· τοῦτο γὰρ ἀδύνατόν ἐστιν. a 20: ... κενοῦ δὲ γενομένου (vom Zwischenraum) οὐχ ὅτι ἀκριβῶς, ἀλλ' ὅλως οὐθὲν ὀφθήσεται.

1) hist. an. IV, 8. 532 b 29: περὶ δὲ τῶν αἰσθήσεων νῦν λεκτέον· οὐ γὰρ ὁμοίως πᾶσιν ὑπάρχουσιν, ἀλλὰ τοῖς μὲν πᾶσαι τοῖς δ' ἐλάττους. εἰσὶ δ' αἱ πλεῖσται, καὶ παρ' ἃς οὐδεμία φαίνεται ἰδία ἑτέρα, πέντε τὸν ἀριθμόν, ὄψις ἀκοὴ ὄσφρησις γεῦσις ἁφή. ἄνθρωπος μὲν οὖν καὶ τὰ ζῳοτόκα καὶ πεζά, πρὸς δὲ τούτοις καὶ ὅσα ἔναιμα καὶ ζῳοτόκα, πάντα φαίνεται ἔχοντα ταύτας πάσας, πλὴν εἴ τι πεπήρωται γένος ἕν, οἷον τὸ τῶν ἀσπαλάκων (nicht aspalax typhlus [wie Aubert und Wimmer wollen], sondern der südeuropäische Maulwurf, auf den die gegebene Beschreibung genau zutrifft); do an. III, 1,₁. 424 b 22: ὅτι δ' οὐκ ἔστιν αἴσθησις ἑτέρα παρὰ τὰς πέντε, (λέγω δὲ ταύτας ὄψιν, ἀκοήν, ὄσφρησιν, γεῦσιν, ἁφήν) ἐκ τῶνδε πιστεύσειεν ἄν τις. Ueber den Beweis de an. III, 1, dass wir im Vollbesitze aller möglichen Sinne seien, vgl. die bahnbrechende Untersuchung von Bonitz, Aristotel. Studien II, n. a. O. XLI. S. 412—415, sowie Kampe, Erkenntnisstheorie u. s. w. S. 75 ff.

2) de an. II, 7,₁. 418 a 26: οὗ μὲν οὖν ἐστιν ἡ ὄψις, τοῦτ' ἐστὶν ὁρατόν.

3) de an. II, 9,₁. 421 b 3: ἔστι δ' ὥσπερ καὶ ἡ ἀκοὴ καὶ ἑκάστη τῶν αἰσθήσεων, ἡ μὲν τοῦ ἀκουστοῦ καὶ ἀνηκούστου, ἡ δὲ τοῦ ὁρατοῦ καὶ ἀοράτου, καὶ ἡ ὄσφρησις τοῦ ὀσφραντοῦ καὶ ἀνοσφράντου. ebend. II, 10,₃. 422 a 20: ὥσπερ δὲ καὶ ἡ ὄψις ἐστὶ τοῦ τε ὁρατοῦ καὶ τοῦ ἀοράτου (τὸ γὰρ σκότος

Entgegengesetztes fällt nämlich in den Bereich ein und desselben Sinnes, wie ein und derselben Wissenschaft [1]).

Sichtbar ist nun die **Farbe**[2]), sowie ein schwer zu bezeichnendes **Namenloses**[3]).

Die Farbe ist ein **Accidens**[4]), genauer eine **Qualität**[5]) (und zwar eine *παθητικὴ ποιότης*[6]), ein *πάθημα*[7])), welche die **Fähigkeit hat, das aktuell Durchsichtige zu erregen**[8]); denn auf Erregung des Durchsichtigen, nicht auf körperlichen Ausflüssen, wie die frühern Philosophen wollten, beruht die Sichtbarkeit der Farben [9]), und gerade in dieser Erregung des aktuell Durchsichtigen besteht ihr Wesen [9]).

ἀόρατον, κρίνει δὲ καὶ τοῦτο ἡ ὄψις,) ἔτι τοῦ λίαν λαμπροῦ, (καὶ γὰρ τοῦτο ἀόρατον, ἄλλον δὲ τρόπον τοῦ σκότους,) ὁμοίως δὲ καὶ ἡ ἀκοὴ ψόφου τε καὶ σιγῆς, ὧν τὸ μὲν ἀκουστὸν τὸ δ' οὐκ ἀκουστόν, καὶ μεγάλου ψόφου κτλ./ ebend. II, 11,₁₂. 424 a 10: ἔτι δ' ὥσπερ ὁρατοῦ καὶ ἀοράτου ἦν πως ἡ ὄψις, ὁμοίως δὲ καὶ αἱ λοιπαὶ τῶν ἀντικειμένων, οὕτω καὶ ἡ ἀφὴ τοῦ ἁπτοῦ καὶ τοῦ ἀνάπτου.

1) top. I, 14. 105 b 5: *τῶν ἐναντίων ἡ αὐτὴ αἴσθησις· καὶ γὰρ ἡ ἐπιστήμη* metaph. X, 3. 1061 a 18: *ἐπεὶ δ' ἐστὶ τὰ ἐναντία πάντα τῆς αὐτῆς καὶ μιᾶς ἐπιστήμης θεωρῆσαι*. anal. prior. I, 1. 24 a 21. I, 36. 48 b 5. anal. post. I, 7, 75 b 13. top. I, 14. 105 b 24. II, 3. 110 b 20. de soph. el. 10. 171 a 36—37. 15. 174 b 37—38. phys. VIII, 1. 251 a 30. de an. III, 3, ₂. 427 b 5—6. metaph. III, 2. 1004 a 9—10. Vgl. Kampe, Erkenntnisstheorie u. s. w. S 133. Anm. 7.

2) de an. II, 2, ₂. 422 a 16: *χρῶμα τὸ ὁρατόν*. III, 7, ₁. 418 a 29. Vgl. hist. an. IV, 8. 533 a 16, wo der Gesichtssinn als *χρωμάτων αἴσθησις* bezeichnet wird.

3) de an. II, 7, ₁. 418 a 26: *ὁρατὸν δ' ἐστὶ χρῶμά τε, καὶ ὃ λόγῳ μὲν ἔστιν εἰπεῖν, ἀνώνυμον δὲ τυγχάνει ὄν*.

4) top. IV, 1. 120 b 21: *... εἰ μὴ ἐν τῷ τί ἐστι κατηγορεῖται, ἀλλ' ὡς συμβεβηκός, καθάπερ τὸ λευκὸν τῆς χιόνος*.

5) top. I, 9. 103 b 31: *ὅταν δὲ χρώματος λευκοῦ ἐκκειμένου φῇ τὸ ἐκκείμενον λευκὸν εἶναι ἢ χρῶμα, τί ἐστι λέγει καὶ ποιὸν σημαίνει*. ebend. IV, 1. 120 b 38: *τὸ δὲ λευκὸν οὐκ οὐσία ἀλλὰ ποιόν*.

6) categ. 8. 9 b 9: *λευκότης δὲ καὶ μελανία καὶ αἱ ἄλλαι χροιαὶ ... παθητικαὶ ποιότητες λέγονται*.

7) de sonsu. 6. 445 b 4: *τὰ παθήματα τὰ αἰσθητά, οἷον χρῶμα*. hist. an. I, 1. 486 b 5: *... παρὰ τὰς τῶν παθημάτων ἐναντιώσεις, οἷον χρώματος κτλ*.

8) de an. II, 7, ₁. 418 a 31: *πᾶν δὲ χρῶμα κινητικόν ἐστι τοῦ κατ' ἐνέργειαν διαφανοῦς, καὶ τοῦτ' ἔστιν αὐτοῦ ἡ φύσις*. ebend. §. 5. 419 a 9: *τοῦτο γὰρ ἦν αὐτῷ τὸ χρώματι εἶναι τὸ κινητικῷ εἶναι τοῦ κατ' ἐνέργειαν διαφανοῦς*.

9) de sensu 3. 440 a 15: *τὸ μὲν οὖν, ὥσπερ καὶ οἱ ἀρχαῖοι, λέγειν ἀπορροίας εἶναι τὰς χροίας καὶ ὁρᾶσθαι διὰ τοιαύτην αἰτίαν ἄτοπον*. de an. II, 10, ₁. 422 a 14: *τὸ δὲ χρῶμα οὐχ οὕτως ὁρᾶται, τῷ μίγνυσθαι, οὐδὲ ταῖς ἀπορροίαις*. de sensu 5. 443 b 2. — wäre sonst ja das Sehen ein Tasten (de sensu 3. 440 a 17).

Durchsichtig ist aber dasjenige, was zwar durch sich selbst nicht sichtbar ist, wol dagegen durch eine fremde Farbe [1]). Aktualität des Durchsichtigen, insoweit es ein Durchsichtiges ist, ist das Licht [2]). Dasselbe ist gewissermassen die Farbe des an sich farblosen [3]) Durchsichtigen [4]) — natürlich nicht seine eigene, sondern eine fremde [5]) — und beruht auf der Gegenwart des Feuers [6]), ohne dass indess dieses das Wesen des Lichtes ausmacht [7]). Weil nun die Farbe nur das aktuell Durchsichtige zu erregen vermag, so kann sie auch nicht anders als in der Aktualität desselben, dem Lichte, gesehen werden [8]), während das Feuer, weil es selbst Licht um sich verbreitet, auch im Dunkel sichtbar ist [9]). Die Farbe darf deshalb gewissermassen eine Erscheinung am Lichte genannt werden, wie dieses selbst eine Erscheinung am Durchsichtigen ist [10]).

Bewegt also einerseits die Farbe das Durchsichtige als ein ausser-

---

Ebensowenig beruht die Sichtbarkeit des Lichts auf solchen Ausflüssen: de an. II, 7, ₂. 418 b 14: οὔτε πῦρ οὔτ' ὅλως σῶμα οὐδ' ἀπορροὴ σώματος οὐδενός (τὸ φῶς). Vgl. S. 31. Anm. 3.

1) de an. II, 7, ₂. 418 b 4: διαφανὲς δὲ λέγω ὅ ἔστι μὲν ὁρατόν, οὐ καθ' αὑτὸ δὲ ὁρατὸν ὡς ἁπλῶς εἰπεῖν, ἀλλὰ δι' ἀλλότριον χρῶμα.

2) do an. II, 7, ₂. 418 b 9: φῶς δέ ἐστιν ἡ τούτου ἐνέργεια, τοῦ διαφανοῦς ᾖ διαφανές. obend. §. 5. 419 a 11: ἡ δ' ἐντελέχεια τοῦ διαφανοῦς φῶς ἐστίν.

3) de an. II, 7, ₄. 418 b 2ε: ἄχρουν δ' ἐστὶ τὸ διαφανές.

4) do an. II, 7, ₂. 418 b 11: τὸ δὲ φῶς οἷον χρῶμά ἐστι τοῦ διαφανοῦς.

5) do sensu 3. 439 a 18: ὥσπερ οὖν εἴρηται περὶ φωτὸς ἐν ἐκείνοις, ὅτι ἐστὶ χρῶμα τοῦ διαφανοῦς κατὰ συμβεβηκός.

6) de sensu 3. 439 a 19: ὅταν γὰρ ἐνῇ τι πυρῶδες ἐν διαφανεῖ, ἡ μὲν παρουσία φῶς, ἡ δὲ στέρησίς ἐστι σκότος. de an. II, 7, ₃. 418 b 20: ἡ τούτου (τοῦ πυρός) παρουσία τὸ φῶς ἐστίν. ebend. §. 2 b 16.

7) de an. II, 7, ₂. 418 b 14: τὸ φῶς ... οὔτε πῦρ οὐδ' ὅλως σῶμα οὐδ' ἀπορροὴ σώματος οὐδενός. Wenigstens ist es als die feinste Art des Feuers zu bezeichnen: top. V, 5. 134 b 28: οὐ γάρ ἐστιν ἓν εἶδος τοῦ πυρός· ἕτερον γάρ ἐστι τῷ εἴδει ἄνθραξ καὶ φλὸξ καὶ φῶς, ἕκαστον αὐτῶν πῦρ ὄν ... λεπτομερέστερον γάρ ἐστι τὸ φῶς τοῦ ἄνθρακος καὶ τῆς φλογός. Vgl. ebend. VI, 7. 146 a 13—17.

8) de an. II, 7, ₁. 418 b 2: διόπερ (χρῶμα) οὐχ ὁρατὸν ἄνευ φωτός, ἀλλὰ πᾶν τὸ ἑκάστου χρῶμα ἐν φωτὶ ὁρᾶται. §. 5. 419 a 8: τὸ μὲν ἐν φωτὶ ὁρώμενον χρῶμα. διὸ καὶ οὐχ ὁρᾶται ἄνευ φωτός. §. 7. a 22: τὸ χρῶμα ἀναγκαῖον ἐν φωτὶ ὁρᾶσθαι. III, 3, ₁₁. 429 a 4. II, 8, ₈. 420 a 27—28. do sensu 2. 438 b 6—7. Vgl. Trendelenburg, de anima pag. 376 f.

9) de an. II, 7, ₇. 419 a 23: πῦρ δὲ ἐν ἀμφοῖν ὁρᾶται, καὶ ἐν σκότει καὶ ἐν φωτί, καὶ τοῦτο ἐξ ἀνάγκης· τὸ γὰρ διαφανὲς ὑπὸ τούτου γίνεται διαφανές.

10) do an. II, 7, ₁. 418 a 29: τὸ γὰρ ὁρατόν ἐστι χρῶμα. τοῦτο δ' ἐστὶ τὸ ἐπὶ τοῦ καθ' αὑτὸ ὁρατοῦ. Vgl. Beck, Arist. de sensuum actione, pag. 22.

halb desselben Befindliches, so hat sie anderseits auch selbst in einem Durchsichtigen ihren Träger; denn „das Durchsichtige", sagt Aristoteles, „macht der Farbe theilhaftig [1]". Das Durchsichtige ist nämlich nicht etwas ausschliesslich dem Wasser und der Luft, den Medien des Gesichtssinnes, Zukommendes, sondern es findet sich mehr oder weniger auch in den übrigen Körpern, welche das Objekt desselben bilden, aber, im Gegensatze zu der unbeschränkten Ausdehnung, die es dort hat, durch die Dimensionen des Körpers, in dem es ist, räumlich bestimmt [2]. Wie nun das Licht in dem räumlich unbegrenzten Durchsichtigen als in seinem Subjekte sich ausbreitet, so hat die Farbe ihren nächsten Träger an dem vom Körper eingeschlossenen Durchsichtigen, dessen äusserste Grenze sie bildet [2]. Denn es ist zwar wahr, dass alle Körper Farbe haben [3], auch, dass die Farbe der Oberfläche des Körpers mehr eigenthümlich ist, als dem Innern desselben [4]; aber keineswegs macht das äusserste Ende des Körpers als solches die Farbe aus, sondern streng genommen ist es ausserhalb, wie innerhalb des Körpers ein und dieselbe Natur, die gefärbt oder der Träger der Farbe ist [5]. Der Unterschied der von den Lichtstrahlen herrührenden Farbe des unbegrenzten Durchsichtigen und der Farbe an den festen Körpern ist nur der, dass die Farbe des Wassers und der Luft nach dem nähern oder fernern Standpunkte des Zuschauers wechselt, während die Erscheinung der Farbe an den festen Körpern, wenn nicht etwa das Mittel eine Veränderung herbeiführt, dieselbe bleibt [6].

So ergibt sich uns eine zweite Definition der Farbe: **Farbe ist**

---

[1] de sensu 3. 439 b 8: τὸ ἄρα διαφανές, καθ' ὅσον ὑπάρχει ἐν τοῖς σώμασιν, . . χρώματος ποιεῖ μετέχειν.

[2] de sensu 3. 439 a 26: ἡ μὲν οὖν τοῦ φωτὸς φύσις ἐν ἀορίστῳ τῷ διαφανεῖ ἐστίν· τοῦ δ' ἐν τοῖς σώμασι διαφανοῦς τὸ ἔσχατον, ὅτι μὲν εἴη ἄν τι, δῆλον, ὅτι δὲ τοῦτ' ἐστὶ τὸ χρῶμα, ἐκ τῶν συμβαινόντων φανερόν.

[3] de sensu 1. 437 a 7: . . . διὰ τὸ πάντα τὰ σώματα μετέχειν χρώματος.

[4] top. V, 8. 138 a 15: τὸ κεχρῶσθαι μᾶλλον τῆς ἐπιφανείας ἢ τοῦ σώματός ἐστιν ἴδιον. ebend. 5. 134 a 22—23. 3. 131 b 34.

[5] de sensu 3. 439 a 30: τὸ γὰρ χρῶμα ἢ ἐν τῷ πέρατί ἐστιν ἢ πέρας· διὸ καὶ οἱ Πυθαγόρειοι τὴν ἐπιφάνειαν χροὰν ἐκάλουν. ἔστι μὲν γὰρ ἐν τῷ τοῦ σώματος πέρατι, ἀλλ' οὔ τι τὸ τοῦ σώματος πέρας, ἀλλὰ τὴν αὐτὴν φύσιν δεῖ νομίζειν, ἥπερ καὶ ἔξω χρωματίζεται, ταύτην καὶ ἐντός· . . . δῆλον ἄρα ὅτι τὸ αὐτὸ κἀκεῖ κἀνθάδε δεκτικὸν τῆς χρόας ἐστίν.

[6] de sensu 3. 439 b 1: φαίνεται δὲ καὶ ἀὴρ καὶ ὕδωρ χρωματιζόμενα· καὶ γὰρ ἡ αὐγὴ τοιοῦτόν ἐστιν. ἀλλ' ἐκεῖ μὲν ἐν ἀορίστῳ οὐ τὴν αὐτὴν ἐγγύθεν καὶ προσιοῦσι καὶ πόρρωθεν ἔχει χροιὰν οὐδ' ὁ ἀὴρ οὐδ' ἡ θάλαττα· ἐν δὲ τοῖς

die Grenze des in einem Körper eingeschlossenen Durchsichtigen[1]). Zwischen beiden Definitionen waltet kein Widerspruch ob, sondern nur eine Verschiedenheit der Auffassung. Erfasste die erste die Farbe ihrer Wirkung, ihrem Zwecke nach, so bestimmt sie die zweite dagegen an sich, mit alleiniger Beziehung auf ihr Subjekt[2]).

Innerhalb der bunten Mannigfaltigkeit der verschiedenen Farben lassen sich sieben Hauptarten unterscheiden[3]), die sich alle zwischen

---

σώμασιν ἐὰν μὴ περιέχον ποιῇ τὸ μεταβάλλειν, ὥρισται καὶ ἡ φαντασία τῆς χρόας.

1) de sensu 3. 439 b 11: ὥστε χρῶμα ἂν εἴη τὸ τοῦ διαφανοῦς ἐν σώματι ὡρισμένῳ πέρας.

2) Vgl. zum Ganzen auch Prantl, Aristoteles über die Farben, erläutert durch eine Uebersicht der Farbenlehre der Alten. München 1849. — Gingen wir im Vorigen davon aus, dass die Farbe das Sichtbare sei, so scheint beim ersten Anblick im grellen Widerspruch damit eine andere Stelle zu stehen, die ich mich nicht erinnere, anderswo citirt gefunden zu haben. Aristoteles sagt nämlich phys. VII, 1. 201 a 35 (wörtlich excerpirt metaph. X, 9. 1065 b 28—32): τὸ μὲν γὰρ δύνασθαι ὑγιαίνειν καὶ δύνασθαι κάμνειν ἕτερον· καὶ γὰρ ἂν το κάμνειν καὶ τὸ ὑγιαίνειν ταὐτὸν ἦν· τὸ δὲ ὑποκείμενον καὶ τὸ ὑγιαῖνον καὶ τὸ νοσοῦν, εἴθ᾽ ὑγρότης εἴθ᾽ αἷμα, ταὐτὸν καὶ ἕν. ἐπεὶ δ᾽ οὐ ταὐτόν, ὥσπερ οὐδὲ χρῶμα ταὐτὸν καὶ ὁρατόν κτλ. Allein die richtige Lösung trifft wol Simplicius, wenn er zu der angezogenen Stelle bemerkt (fol. 97 a): ὅτι δὲ οὐ ταὐτόν ἐστι λόγῳ τό τε δυνάμει καὶ τὸ δυνάμενον, κἂν τῷ ὑποκειμένῳ ταὐτὸν ᾖ, δείκνυσι καὶ διὰ παραδείγματος τοῦ χρώματος καὶ τοῦ ὁρατοῦ. τούτων γὰρ ἓν μὲν τὸ ὑποκείμενον, οἱ δὲ λόγοι διάφοροι· ἄλλο γὰρ τὸ ἐνεργείᾳ ὂν ἐν αὐτῷ, τὸ χρῶμα, καὶ ἄλλο τὸ δυνάμει, τὸ ὁρατόν. καὶ ἔστι χρῶμα μὲν τὸ κινητικὸν τοῦ κατ᾽ ἐνέργειαν διαφανοῦς, δι᾽ οὗ ὁρᾶται τὰ χρώματα, ἢ τὸ πέρας τοῦ διαφανοῦς ᾧ διαφανές, ὡς αὐτὸς ὡρίσατο. ἡ γὰρ ὄψις περαιωθεῖσα τὸ διαφανές, τῷ χρώματι προσβάλλει. ὁρατὸν δ᾽ ἐστὶ τὸ οἷον τε ὁραθῆναι· καὶ ἐστὶ τοῦτο τῷ χρώματι συμβεβηκός. οὐκ ἔστι δὲ τὸ συμβεβηκὸς ταὐτὸν ᾧ συμβέβηκε· διὸ καὶ οἱ ὁριζόμενοι τὸ χρῶμα ἴδιον αἰσθητὸν ὄψεως, ἀπὸ τοῦ συμβεβηκότος ὁρίζονται. οὐ γάρ ἐστιν αὕτη χρώματος οὐσία, ἀλλ᾽ ὁρατοῦ, ὃ συμβέβηκε χρώματι. ὅτι δὲ οὐ ταὐτόν ἐστιν ὁρατῷ εἶναι καὶ χρώματι εἶναι, δῆλον καὶ ἐκ τοῦ τὸ μὲν ὁρατόν, εἰ καὶ χρῶμά ἐστιν, ἀλλ᾽ οὐ καθὸ χρῶμα λαμβάνεσθαι, ἀλλὰ κατὰ τὸ δυνάμενον ὁρᾶσθαι, τὸ δὲ χρῶμα οὐ κατὰ τὸ δυνάμει χρῶμα (οὔπω γὰρ ἐκεῖνο χρῶμα), ἀλλὰ κατὰ τὸ ἐνεργείᾳ· οὐ μέντοι οὐδὲ ᾗ ὁρᾶται, τὸ ἐνεργείᾳ χρῶμα ἔχει. ὁμοίως γάρ ἐστι τὸ λευκὸν κατὰ τὴν ἑαυτοῦ φύσιν, ὁρώμενόν τε καὶ μή. ἔτι δὲ τὸ μὲν ὁρατὸν πρός τι· πρὸς γὰρ τὸ ὁρᾶν δυνάμενον· τὸ δὲ χρῶμα οὐ πρός τι, ἀλλὰ καθ᾽ αὑτό. οὐκ ἄρα τὸ χρῶμα καθὸ χρῶμα ὁρατόν ἐστιν, ἀλλ᾽ ἴδιον αὐτοῦ τὸ ὁρατόν. οὐ μέντοι ὁρισμός.

3) de sensu. 4. 442 a 19: σχεδὸν γὰρ ἴσα καὶ τὰ τῶν χυμῶν εἴδη καὶ τὰ τῶν χρωμάτων ἐστίν. ἑπτὰ γὰρ ἀμφοτέρων εἴδη.

demselben konträren Gegensatze, dem des Schwarzen und Weissen, bewegen [1]).

Weniger genau, ja selbst von seinem Standpunkte aus wissenschaftlich völlig ungenügend, sind die Bestimmungen, welche Aristoteles über die zweite Art des Sichtbaren, das von ihm so genannte Namenlose, aufstellt. Eine Klasse von Dingen nämlich, für die es keinen gemeinsamen Namen gibt, wird nicht im Lichte, sondern nur im Dunkel gesehen, wie Pilze, Horn, Köpfe, Augen und Schuppen von Fischen, überhaupt das Glatte. Doch tritt dann nicht die eigenthümliche Farbe dieser Objekte zu Tage, sondern sie erscheinen nur in einem unbestimmten feurigen Leuchten [2]). Auch die Feuererscheinung, welche man im Dunkel oder mit geschlossenen Augenlidern bei einer gewaltsamen Reibung des Auges, etwa durch einen Schlag, oder bei einer schnellen Bewegung desselben beobachtet [3]), ist nach Aristoteles hieher zu ziehen. Das Auge, speciell die Pupille (man erlaube mir diesen traditionellen Ausdruck für das griechische *κόρη*; gemeint ist freilich nicht die Oeffnung inmitten der Iris, welche wir Pupille nennen, sondern der im Innern des Auges gelegene Lichtbrechapparat, dessen wahre Bedeutung allerdings dem Aristoteles verborgen blieb [4])) ist näm-

---

1) de sensu 4. 442 b 17: ἔτι τὰ μὲν αἰσθητὰ πάντα ἔχει ἐναντίωσιν, οἷον ἐν χρώματι τῷ μέλανι τὸ λευκόν. de an. II, 11, ₂. 422b 23: πᾶσά τε γὰρ αἴσθησις μιᾶς ἐναντιώσεως εἶναι δοκεῖ, οἷον ὄψις λευκοῦ καὶ μέλανος. de sensu 3. 439 b 17. Ueber den Begriff dieses Gegensatzes vgl. B'onitz, Kommentar zur Metaphysik, S. 430—34. Zeller, Gesch. d. Philos. d. Gr. II, 2. S. 152, 3.

2) de an. II, 7, ₄. 419 a 2: ἔνια γὰρ ἐν μὲν τῷ φωτὶ οὐχ ὁρᾶται, ἐν δὲ τῷ σκότει ποιεῖ αἴσθησιν, οἷον τὰ πυρώδη φαινόμενα καὶ λάμποντα, (ἀνώνυμα δ'ἐστὶ ταῦτα ἑνὶ ὀνόματι), οἷον μύκης, κέρας, κεφαλαὶ ἰχθύων καὶ λεπίδες καὶ ὀφθαλμοί· ἀλλ' οὐδενὸς ὁρᾶται τούτων τὸ οἰκεῖον χρῶμα. de sensu 2. 437 b 5: τὸ γὰρ λεῖον ἐν τῷ σκότει πέφυκε λάμπειν, οἷον κεφαλαὶ ἰχθύων τινῶν καὶ ὁ τῆς σηπίας θολός. a 31: τὰ γὰρ λεῖα πέφυκεν ἐν τῷ σκότει λάμπειν, οὐ μέντοι φῶς γε ποιεῖ. Von Phosphorescenz (Prantl, a. a. O. S. 92) findet sich bei Aristoteles nichts.

3) de sensu 2. 437 a 23: θλιβομένου γὰρ καὶ κινουμένου τοῦ ὀφθαλμοῦ φαίνεται πῦρ ἐκλάμπειν· τοῦτο δ' ἐν τῷ σκότει πέφυκε συμβαίνειν, ἢ τῶν βλεφάρων ἐπικεκαλυμμένων· γίνεται γὰρ καὶ τότε σκότος.

4) *κόρη* ist nicht Pupille in unserm Sinne. Denn wie sollte ein Loch Organ des Gesichtssinns sein können (hist. an. I, 8. 491 b 21. de part. an. II, 8, ₁. 653 b 25; vgl. ebend. II, 13, ₂. 657 a 35), oder aus Wasser bestehen (de anima III, 1. 425 a 4. de sensu 2. 438 a 16. de gener. an. V, 1. 780 b 23)? Sie ist vielmehr das im Innern des Auges Gelegene: hist. an. IV, 8. 533 a 3: ὀφθαλμοὺς γὰρ ἐν μὲν τῷ φανερῷ οὐκ ἔχει (τὸ τῶν ἀσπαλάκων γένος), ἀφαιρεθέντος δὲ τοῦ δέρματος... ἔσωθέν εἰσιν οἱ ὀφθαλμοὶ διεφθαρμένοι, πάντ' ἔχοντες ταὐτὰ τὰ

lich glatt und in soweit leuchtend. Bei einer schnellen Bewegung nun, meint Aristoteles, verdoppelt sich das Auge gewissermassen, indem es schon an einem neuen Orte angelangt ist, während es der Wirkung nach noch an dem früheren verharrt, und nimmt, zugleich Subjekt und Objekt, so den eigenen Feuerschein wahr [1]).

2) Objekt des **Gehörssinns** ist der **Ton** [2]). Derselbe entsteht durch das Aneinanderschlagen zweier fester und glatter, besonders hohler, Körper [3]) in einem Medium [4]). Doch kann auch durch die Bewegung eines einzelnen Körpers in der stillstehenden [5]) Luft oder dem

---

μέρη τοῖς ἀληθινοῖς· ἔχουσι γὰρ τό τε μέλαν καὶ τὸ ἐντὸς τοῦ μέλανος, τὴν καλουμένην κόρην, καὶ τὸ κυκλώπιον. obend. I, 8. 491 b 20: τὸ δ' ἐντὸς τοῦ ὀφθαλμοῦ, τὸ μὲν ὑγρόν, ᾧ βλέπει, κόρη. Vgl. Karsch, Aristoteles Naturgeschichte der Thiere. Stuttgart 1866. S. 33. Anm. 2.

1) de sensu 2. 437 a 31: τὰ γὰρ λεῖα πέφυκεν ἐν τῷ σκότει λάμπειν, οὐ μέντοι φῶς γε ποιεῖ, τοῦ δ' ὀφθαλμοῦ τὸ καλούμενον μέλαν καὶ μέσον λεῖον φαίνεται. φαίνεται δὲ τοῦτο κινουμένου τοῦ ὄμματος διὰ τὸ συμβαίνειν ὥσπερ δύο γίνεσθαι τὸ ἕν. τοῦτο δ' ἡ ταχυτὴς ποιεῖ τῆς κινήσεως, ὥστε δοκεῖν ἕτερον εἶναι τὸ ὁρῶν καὶ τὸ ὁρώμενον. διὸ καὶ οὐ γίνεται, ἂν μὴ ταχέως καὶ ἐν σκότει τοῦτο συμβῇ. Vgl. Beck, Aristoteles de sensuum actione, pag. 32: Oculus enim continetur aqua, quam levem esse novimus (er citirt a. a. O. S. 31. de an. II, 8,₁. 419 b 31—32. meteor. III, 4. 373 a 35 ff.). Huius minimae partes, minores quam ut formam splendentis recipiant, colore sunt contentae recepto. Huc accedit quod continuo se excipientes invicem speculi instar colorem reddunt, cum formam nequeant.

2) de an. II, 6, 2. 418 a 11: λέγω δ' ἴδιον (αἰσθητὸν) μὲν ὃ μὴ ἐνδέχεται ἑτέρᾳ αἰσθήσει αἰσθάνεσθαι ... οἷον ... ἀκοὴ ψόφου. ebend. 8, ₁. 419 b 4. de insomniis 1. 458 b 6. hist. an. IV, 8. 533 a 16.

3) de an. II, 8, ₁. 419 b 6: τὰ μὲν γὰρ οὔ φαμεν ἔχειν ψόφον, οἷον σπόγγον, ἔρια, τὰ δ' ἔχειν, οἷον χαλκὸν καὶ ὅσα στερεὰ καὶ λεῖα ὅτι δύναται ψοφῆσαι. ebend. §. 2. 419 b 13: ὥσπερ δ' εἴπομεν οὐ τῶν τυχόντων πληγὴ ὁ ψόφος· οὐθένα γὰρ ποιεῖ ψόφον ἔρια ἂν πληγῇ, ἀλλὰ χαλκὸς καὶ ὅσα λεῖα καὶ κοῖλα, ὁ μὲν χαλκός, ὅτι λεῖος, τὰ δὲ κοῖλα τῇ ἀνακλάσει πολλὰς ποιεῖ πληγὰς μετὰ τὴν πρώτην, ἀδυνατοῦντος ἐξελθεῖν τοῦ κινηθέντος. vgl. b 19—20.

4) de an. II, 8, ₁. 419 b 9: γίνεται δ' ὁ κατ' ἐνέργειαν ψόφος ἀεί τινος πρός τι καὶ ἔν τινι· πληγὴ γάρ ἐστιν ἡ ποιοῦσα. διὸ καὶ ἀδύνατον ἑνὸς ὄντος γενέσθαι ψόφον· ἕτερον γὰρ τὸ τύπτον καὶ τὸ τυπτόμενον [ebend. §. 7. 420 a 19: πότερον δὲ ψοφεῖ τὸ τυπτόμενον ἢ τὸ τύπτον; ἢ καὶ ἄμφω, τρόπον δ' ἕτερον;] ὥστε τὸ ψοφοῦν πρός τι ψοφεῖ. πληγὴ δ' οὐ γίνεται ἄνευ φορᾶς [de sensu 6. 446 b 30: δοκεῖ δ' ὁ ψόφος εἶναι φερομένου τινὸς κίνησις. de an. II, 8, ₇. 420 a 21: ἔστι γὰρ ὁ ψόφος κίνησις τοῦ δυναμένου κινεῖσθαι τὸν τρόπον τοῦτον ὅνπερ τὰ ἀφαλλόμενα ἀπὸ τῶν λείων, ὅταν τις κρούσῃ.]. de an. II, 8, ₁₀. 420 b 14: πᾶν ψοφεῖ τύπτοντός τινος καὶ τι καὶ ἔν τινι· τοῦτο δ' ἐστὶν ἀήρ.

5) de coelo II, 9. 291 a 9: ὅσα μὲν γὰρ αὐτὰ φέρεται, ποιεῖ ψόφον καὶ

stillstehenden Wasser, wenn sie so schnell geschieht, dass jene nicht sofort ausweichen können und so vermöge ihrer Trägheit gewissermassen die Funktionen eines festen Körpers übernehmen, ein Ton erzeugt werden [1]). Die Verschiedenheiten der Töne, die zwischen den beiden Extremen des Hohen und Tiefen liegen, sind potentiell schon in den Dingen angelegt, offenbaren sich aber erst beim aktuellen Tönen [2]). Dieses fällt mit dem aktuellen Hören als das subjektive mit dem objektiven Moment zu einer real einheitlichen Bewegung zusammen, so dass beide Momente nur dem Begriffe nach von einander zu unterscheiden sind [3]).

3) In ähnlicher Weise wie bei den behandelten zwei Sinnen bezeichnet Aristoteles als das Objekt des Geruchsinns das Riechbare [4]) oder den (objektiven) Geruch [5]). Da der Geruch des Menschen indess dem vieler Thiere an Feinheit nachsteht [6]) und sein Objekt nicht

πληγήν· ὅσα δ' ἐν φερομένῳ ἐνδέδεται ἢ ἐνυπάρχει, καθάπερ ἐν τῷ πλοίῳ τὰ μόρια, οὐχ οἷόν τε ψοφεῖν, οὐδ' αὖ τὸ πλοῖον, εἰ φέροιτο ἐν ποταμῷ. a 16: τὸ δ' ἐν μὴ φερομένῳ φερομενον ποιεῖ ψόφον· ἐν φερομένῳ δὲ συνεχὲς καὶ μὴ ποιοῦντι πληγὴν ἀδύνατον ψοφεῖν. Deshalb verwirft Aristoteles auch die Lehre der Pythagoräer von der Sphärenharmonie, die zwar ἐμμελῶς καὶ μουσικῶς gesagt sei, aber doch nicht der Wahrheit entspreche (a. a. O. 290 b 30 ff.).

1) de an. II, 8, ₅. 420 a 7: αὐτὸς μὲν δὴ ἄψοφον ὁ ἀὴρ διὰ τὸ εὔθρυπτον· ὅταν δὲ κωλυθῇ θρύπτεσθαι, ἡ τούτου κίνησις ψόφος. ebend. §. 3. 419 b 19: οὐκ ἔστι δὲ ψόφου κύριος ὁ ἀὴρ οὐδὲ τὸ ὕδωρ· ἀλλὰ δεῖ στερεῶν πληγὴν γενέσθαι πρὸς ἄλληλα [ἢ ergänzt Torstrik] καὶ πρὸς τὸν ἀέρα. τοῦτο δὲ γίνεται, ὅταν ὑπομένῃ πληγεὶς ὁ ἀὴρ καὶ μὴ διαχυθῇ [was mit der Eigenschaft der Luft als Medium, wie Kampe, a. a. O. S. 70, anzunehmen scheint, nichts zu schaffen hat; die Luft vertritt hier vielmehr den einen der beiden festen Körper, die ihre Bewegung an das Medium abgeben]. διὸ ἐὰν ταχέως καὶ σφοδρῶς πληγῇ, ψοφεῖ· δεῖ γὰρ φθάσαι τὴν κίνησιν τοῦ ῥαπίζοντος τὴν θρύψιν τοῦ ἀέρος, ὥσπερ ἂν εἰ σωρὸν ἢ ψάμμου ὁρμαθὸν τύπτοι τις φερόμενον ταχύ.

2) de an. II, 8, ₈. 420 a 26: αἱ δὲ διαφοραὶ τῶν ψοφούντων ἐν τῷ κατ' ἐνέργειαν ψόφῳ [vgl. §. 1. 419 b 4: ἔστι δὲ διττὸς ὁ ψόφος· ὁ μὲν γὰρ ἐνεργείᾳ τις, ὁ δὲ δυνάμει] δηλοῦνται· ὥσπερ γὰρ ἄνευ φωτὸς οὐχ ὁρᾶται τὰ χρώματα, οὕτως οὐδ' ἄνευ ψόφου τὸ ὀξὺ καὶ τὸ βαρύ. Zu letzterm vgl. top. I, 15. 106 a 18: τῷ βαρεῖ ἐν φωνῇ μὲν τὸ ὀξὺ ἐναντίον. de an. II, 8, ₈. 420 a 29. de gener. an. V, 7. 786 b 26.

3) de an. III, 2, ₄ 425 b 25 ff. §. 7. 426 a 15 ff. (S. 16. Anm. 1).

4) de an. II, 9, ₄ 421 b 5: ἡ ὄσφρησις τοῦ ὀσφραντοῦ. de sensu 5. 444 b 20—21.

5) hist. an. I, 1. 492 b 14: αὕτη (ἡ ὄσφρησις) δ' ἐστὶν ἡ αἴσθησις ὀσμῆς. ebend. IV, 8. 533 a 16.

6) de sensu 4. 440 b 31: τούτου (dass wir die Arten der Geschmäcke besser kennen, als die der Gerüche) δ' αἴτιον, ὅτι χειρίστην ἔχομεν τῶν ἄλλων ζῴων τὴν ὄσφρησιν καὶ τῶν ἐν ἡμῖν αὐτοῖς αἰσθήσεων, τὴν δ' ἁφὴν ἀκριβεστάτην τῶν ἄλλων ζῴων· ἡ δὲ γεῦσις ἁφή τις ἐστίν. de an. II, 9, ₁. 421 a 9: αἴτιον

rein als solches erfasst, sondern nur mit Beimischung der Empfindung des Angenehmen und Unangenehmen[1]), so ist die Bestimmung des Wesens und der Arten des Riechbaren grossen Schwierigkeiten unterworfen[2]), und wir sind dafür vornehmlich auf die Analogie des verwandten[3]) Geschmackssinnes angewiesen[4]). So sind denn als die beiden am meisten entgegengesetzten Arten des Geruchs die des Süssen

---

δ' ὅτι τὴν αἴσθησιν ταύτην οὐκ ἔχομεν ἀκριβῆ, ἀλλὰ χείρω πολλῶν ζῴων. Vgl. Theophrast, fragm. IV, de odoribus II, 4. Didot'sche Ausgabe 1866, pag. 364, 42.

1) de an. II, 9, ₁. 421 a 10: φαύλως γὰρ ἄνθρωπος ὀσμᾶται, καὶ οὐθενὸς ὀσφραίνεται τῶν ὀσφραντῶν ἄνευ τοῦ λυπηροῦ ἢ τοῦ ἡδέος ὡς οὐκ ὄντος ἀκριβοῦς τοῦ αἰσθητηρίου.
Der Geruchssinn dient nämlich den Zwecken der Gesundheit [de sensu 5. 445 a 29: ὅτι μέντοι εἰς ὑγίειαν (συμβάλλεται τὸ ὀσφραντόν), καὶ ἐκ τῆς αἰσθήσεως καὶ ἐκ τῶν εἰρημένων φανερόν. Dagegen ist es ein Irrthum der Pythagoreer, dass man vom Dufte leben könne: de sensu 5. 445 a 16 ff., vgl. de an. III, 12,₇. 434 b 20], da die Nahrungsstoffe, welche die Gesundheit fördern, durchweg auch mit einem angenehmen Geruch begabt sind, während der Geschmack hier leicht irre führt [de sensu 5. 444 a 16: ἡ μὲν γὰρ τροφὴ ἡδεῖα οὖσα ... πολλάκις νοσώδης ἐστίν, ἡ δ' ἀπὸ τῆς ὀσμῆς τῆς καθ' αὐτὴν εὐώδους ὁπωσοῦν ἔχουσιν ὠφέλιμος ὡς εἰπεῖν ἀεί. 445 a 8—9. 443 b 21—22.]. Doch gibt es auch Dinge, bei welchen, wie bei den Blumen, der angenehme Geruch nicht eine die Gesundheit erhaltende Zugabe, sondern Selbstzweck ist; der angenehmen Empfindung dieser ist aber nur der Mensch fähig [de sensu 5. 443 b 26: αἱ δὲ καθ' αὑτὰς ἡδεῖαι τῶν ὀσμῶν εἰσιν, οἷον αἱ τῶν ἀνθῶν ... τοῦτο μὲν οὖν τὸ ὀσφραντὸν ἴδιον ἀνθρώπου ἐστίν.]. Gleichwol steht auch letztere Art von Gerüchen nicht ausser jeder Beziehung zur Gesundheit. Sie dienen nämlich, wegen ihrer durch die ihnen eigene Wärme bewirkten Leichtigkeit nach oben zum Gehirn aufsteigend, diesem als Gegengewicht gegen seine Kälte und Nässe [de sensu 5. 444 a 22—b 2], und deshalb schliesst Aristoteles ganz allgemein, dass das, was der (objektive) Geschmack für die Ernährung, der (objektive) Geruch für die Gesundheit sei [de sensu 5. 445 a 30: ὅπερ ὁ χυμὸς ἐν τῷ θρεπτικῷ καὶ πρὸς τὰ τρεφόμενα, τοῦτ' ἐστὶ πρὸς ὑγίειαν τὸ ὀσφραντόν.].

2) de an. II, 9, ₁. 421 a 7: περὶ δὲ ὀσμῆς καὶ ὀσφραντοῦ ἧττον εὐδιόριστόν ἐστι ... οὐ γὰρ δῆλον ποῖόν τί ἐστιν ἡ ὀσμή, οὕτως ὡς ὁ ψόφος ἢ τὸ χρῶμα. de sensu 4. 440 b 30: ἐναργέστερον δ' ἐστὶν ἡμῖν τὸ τῶν χυμῶν γένος ἢ τὸ τῆς ὀσμῆς.

3) de sensu 4. 440 b 28: περὶ δὲ ὀσμῆς καὶ χυμοῦ νῦν λεκτέον· σχεδὸν γάρ ἐστι τὸ αὐτὸ πάθος.

4) de sensu 5. 443 b 8: δεῖ ἀνάλογον εἶναι τὰς ὀσμὰς τοῖς χυμοῖς. b 12: δῆλον ἄρα ὅτι ὅπερ ἐν τῷ ὕδατι ὁ χυμός, τοῦτ' ἐν τῷ ἀέρι καὶ ὕδατι ἡ ὀσμή. de an. II, 9,₂. 421 a 16: ἔοικε μὲν γὰρ ἀνάλογον ἔχειν πρὸς τὴν γεῦσιν (ἡ ὀσμή), καὶ ὁμοίως τὰ εἴδη τῶν χυμῶν τοῖς τῆς ὀσμῆς.

und des Bitteren zu bezeichnen [1]), zu denen weiterhin noch verschiedene andere kommen [2]). Im übrigen ist die Analogie zwischen dem Geruchs- und Geschmackssinne nicht so zu fassen, als müsse einem Dinge, weil es süss schmeckt, nun auch derselbe Geruch zukommen: im Gegentheil, manches, das einen angenehmen Geruch hat, schmeckt doch höchst unangenehm, und umgekehrt [3]).

Während das Objekt des Geschmackssinnes ein Nasses ist, riecht man ein Trocknes [4]). Einige erklären nun, indem sie die Natur dieses Objekts näher bestimmen wollen, den objektiven Geruch für eine rauchartige trockne, oder für eine wässerige Ausdünstung, oder auch für beides [5]). Es hängt dies damit zusammen, dass die meisten den Geruchssinn aus Feuer bestehen lassen [6]), weshalb sie dann konsequenter

---

1) de an. II, 9, 3. 421a 26: ἔστι δ', ὥσπερ χυμὸς ὁ μὲν γλυκὺς ὁ δὲ πικρός, οὕτω καὶ ὀσμαί.
2) vgl. de an. II, 9, 3. 421a 27 ff. de sensu 5. 443b 8 ff.
3) de an. II, 9, 3. 421a 27: ἀλλὰ τὰ μὲν ἔχουσι τὴν ἀνάλογον ὀσμὴν καὶ χυμόν, λέγω δὲ οἷον γλυκεῖαν ὀσμὴν καὶ γλυκὺν χυμόν, τὰ δὲ τοὐναντίον.
4) de an. II, 9, 8. 422a 6: ἔστι δ' ἡ ὀσμὴ τοῦ ξηροῦ, ὥσπερ ὁ χυμὸς τοῦ ὑγροῦ.
5) de sensu 5. 443a 21: δοκεῖ δ' ἐνίοις ἡ καπνώδης ἀναθυμίασις εἶναι ὀσμή, οὖσα κοινὴ γῆς τε καὶ ἀέρος. καὶ πάντες ἐπιφέρονται ἐπὶ τοῦτο περὶ ὀσμῆς· διὸ καὶ Ἡράκλειτος οὕτως εἴρηκεν, ὡς εἰ πάντα τὰ ὄντα καπνὸς γένοιτο, ῥῖνες ἂν διαγνοῖεν [was Kampe a. a. O. S. 77 auffallender Weise auch für die Meinung des Aristoteles zu halten scheint, obgleich dieser gleich darauf die ganze Ansicht bekämpft.]. ἐπὶ δὲ τὴν ὀσμὴν πάντες ἐπιφέρονται οἱ μὲν ὡς ἀτμίδα, οἱ δ' ὡς ἀναθυμίασιν, οἱ δ' ὡς ἄμφω ταῦτα. ἔστι δ' ἡ μὲν ἀτμὶς ὑγρότης τις, ἡ δὲ καπνώδης ἀναθυμίασις ... κοινὸν ἀέρος καὶ γῆς. Es gibt nämlich eine doppelte Art von Ausdünstung, eine feuchte (den Wasserdampf) und eine trockene, rauchartige: meteor. II, 4. 359b 28: ἔστι γὰρ δύο εἴδη τῆς ἀναθυμιάσεως..., ἡ μὲν ὑγρὰ ἡ δὲ ξηρά. καλεῖται δ' ἡ μὲν ἀτμίς, ἡ δὲ τὸ ὅλον ἀνώνυμος, τῷ δ' ἐπὶ μέρους ἀνάγκη χρωμένους καθόλου προσαγορεύειν αὐτὴν οἷον καπνόν. ebend. I, 3. 340b 27: ἔστι γὰρ ἀτμίδος μὲν φύσις ὑγρὸν καὶ θερμόν, ἀναθυμιάσεως δὲ θερμὸν καὶ ξηρόν· καὶ ἔστιν ἀτμὶς μὲν δυνάμει οἷον ὕδωρ, ἀναθυμίασις δὲ δυνάμει οἷον πῦρ. ebend. I, 9. 346b 32. II, 3. 357b 24—25. 4. 360a, 8—10. 9. 369a 12—14. III, 6. 378a 18—19. IV, 9. 387b 8—9. Aus der wässerigen Ausdünstung entstehen Nebel und Wolken (meteor. I, 9. 346b 31—34), aus der trocknen allerhand Feuererscheinungen, Sternschnuppen u. s. w. (a. a. O. I, 4. 341b 24—35); ferner Blitz und Donner (a. a. O. II, 9. 369a 25—29), sowie die Winde (a. a. O. II, 4. 361a 30—31); auch trägt sie zur Bildung der Kometen bei (a. a. O. I, 7. 344a 13—23). Vgl. Brandis, Handbuch u. s. w. II 2, S. 10 53—71.
6) de sensu 2. 438b 20—22. Vgl. S. 47.

Weise die durch Einwirkung des Feuers entstehende [1] rauchartige Ausdünstung zum Objekte desselben machen. Doch ist diese Ansicht zu verwerfen; denn einerseits könnte eine solche rauchartige Ausdünstung sich nicht im Wasser fortpflanzen, wie es doch der Fall sein muss, da auch die Wasserthiere mit Geruch begabt sind [2]; anderseits stände dieselbe völlig auf der gleichen Stufe mit den körperlichen Ausflüssen, die als Mittel der Wahrnehmung für den Gesichtssinn so entschieden zu verwerfen waren [3].

Allerdings lässt sich nicht in Abrede stellen, dass Aristoteles selbst einmal den objektiven Geruch für eine rauchartige Ausdünstung zu erklären scheint: ἡ δ'ὀσμὴ καπνώδης τίς ἐστιν ἀναθυμίασις [4]. Allein dieser Satz drückt nicht die eigene Ansicht des Aristoteles aus, sondern bildet nur ein Glied in der Auseinandersetzung der von den früheren Psychologen vertretenen Meinung, und stände, sollte er den wahren Gedanken des Aristoteles wiedergeben, mit der drei Seiten darauf erfolgenden Bekämpfung in einem so grellen Widerspruche [5], dass er ganz sicher, wenn er sich auch nicht bei einem so scharfen und folgerichtigen Denker, wie unser Philosoph es ist [6], sondern beim konfusesten Schriftsteller des Alterthums vorfände, längst als Interpolation ausgeschieden worden wäre [7].

---

1) de sensu 2. 438b 24: ἡ δ' ἀναθυμίασις ἡ καπνώδης ἐκ πυρός.
2) de sensu 5. 443a 30: ἡ δὲ καπνώδης ἀναθυμίασις ἀδύνατος ἐν ὕδατι γενέσθαι. ὀσμᾶται δὲ καὶ ἐν ὕδατι.
3) de sensu 5. 443b 1: ἔτι ἡ ἀναθυμίασις ὁμοίως λέγεται ταῖς ἀπορροίαις. εἰ οὖν μηδ' ἐκείνη καλῶς, οὐδ' αὕτη καλῶς. Vgl. S. 22, Anm. 9.
4) de sensu 2. 438b 24.
5) Den Brandis (Handbuch u. s. w. II². S. 1112. Anm. 110) freilich unvermittelt dahinstellt.
6) Denn wenn E. Renan (Averroès et l'averroisme, 3. éd. Paris 1866, pag. 125) meint: Une telle doctrine (es handelt sich um des Aristoteles Lehre vom νοῦς ποιητικός) est peu d' accord avec l'esprit général du péripatétisme. Mais ce n'est pas la seule fois qu' Aristote a introduit dans son système des fragments d'écoles plus anciennes, sans se mettre en peine de les concilier avec ses propres aperçus, so wird darin dem Franzosen, der sich hier, wie oft, durch eine geschickte Wendung der Mühe des Ausgleichs und sorgsamer historischer Forschung ziemlich leicht entzieht und uns statt der Resultate dieser seine eigenen Reflexionen auftischt, so bald niemand beistimmen.
7) Ueber die behandelte Stelle vgl. S.47.Anm.4. Aehnliche Aeusserungen finden sich noch probl. XII, 10. 907 a 29. XIII, 5. 908 a 21. Allein, abgesehen davon, dass die erste Stelle sich keineswegs bestimmt ausspricht, können diese Citate nach den bahnbrechenden Untersuchungen Prantl's über Echtheit oder Unechtheit der Probleme nicht mehr als Beweis gelten. Es wird also ein Irrthum sein,

Aristoteles selbst geht in der Bestimmung des objektiven Geruchs nicht darüber hinaus, dass er zeigt, wie sich derselbe vom analogen (objektiven) Geschmack unterscheidet. Jener ist nämlich nicht, wie dieser, etwas Nasses, sondern trocken, eine „geschmacksähnliche Trockenheit [1]", die aktuell erst in dem feuchten Medium (Luft oder Wasser) auftritt [2]. So definirt denn Aristoteles den objektiven Geruch als „**die Natur des geschmacksähnlichen Trocknen im feuchten Mittel**" [3].

Weil der Geruch eine Art Geschmack ist, weisen auch nur die gemischten Stoffe, nicht die einfachen Elemente, Geruch auf [4]; denn das Gleiche gilt vom Geschmack [5].

4) Das Schmeckbare nimmt dadurch eine eigenthümliche Stellung ein, dass es zugleich ein Tastbares ist [6]. Der objektive Geschmack oder Saft ($\chi\upsilon\mu\acute{o}\varsigma$) [7] nämlich hat am Feuchten, d. h. am Wasser, seine Materie. Da nun dieses ein Tastbares ist, so muss die gleiche Eigenschaft auch dem Schmeckbaren zukommen [8]. Deshalb

---

wenn Kampe a. a. O. S. 77 die rauchartige Ausdünstung als den objektiven Geruch oder das Objekt des Geruchssinnes bezeichnet.

1) de sensu 5. 442 b 30: ἔστι δ᾿ ὀσφραντὸν (τὸ διαφανὲς) οὐχ ᾗ διαφανές, ἀλλ᾿ ᾗ πλυντικὸν ἢ ῥυπτικὸν ἐγχύμου ξηρότητος. vgl. ebend. 443 b 4—5.

2) de sensu 5. 443 a 6—7.

3) de sensu 5. 443 a 7: ἡ ἐν ὑγρῷ τοῦ ἐγχύμου ξηροῦ φύσις ὀσμή.

4) de sensu 5. 443 a 8: ὅτι δ᾿ ἅπαν χυμοῦ ἐστὶ τὸ πάθος, δῆλον ἐκ τῶν ἐχόντων καὶ μὴ ἐχόντων ὀσμήν· τά τε γὰρ στοιχεῖα ἄοσμα, οἷον πῦρ ἀὴρ ὕδωρ γῆ, διὰ τὸ τά τε ξηρὰ αὐτῶν καὶ τὰ ὑγρὰ ἄχυμα εἶναι, ἐὰν μή τι μιγνύμενον ποιῇ. Im Folgenden führt Aristoteles dieses dann an mehreren Beispielen durch. Vgl. Theophrast, fragm. IV. de odoribus I, 1. (Didot'sche Ausgabe von Wimmer S. 364, 9—13) αἱ ὀσμαὶ τὸ μὲν ὅλον ἐκ μίξεώς εἰσι καθάπερ οἱ χυμοί· τὸ γὰρ ἄμικτον ἅπαν ἄοδμον ὥσπερ ἄχυμον, διὸ καὶ τὰ ἁπλᾶ ἄοδμα, οἷον ὕδωρ ἀὴρ πῦρ. ἡ δὲ γῆ μάλιστ᾿ ἢ μόνη ὀδμὴν ἔχει, διὸ μάλιστα μικτή.

5) Vgl. S. 34, Anm. 4.

6) de an. II, 10,₁. 422 a 8: τὸ δὲ γευστόν ἐστιν ἁπτόν τι. vgl. ebend. II, 3,₃. 414 b 11.

7) de an. II, 10,₂. 422 a 17: τὸ γευστὸν ὁ χυμός. de insomn. 1. 458 b 6: ἴδια (τῶν αἰσθήσεων) δ᾿ οἷον χρῶμα ψόφος χυμός. de an. II, 6, 2. 418 a 11: ἴδιον .. οἷον ... γεῦσις χυμοῦ. Daher ist der Geschmackssinn der Sinn der Säfte [de part. an. II, 17. 660 a 19: πρός τε τὴν τῶν χυμῶν αἴσθησιν ἡ μαλακὴ καὶ πλατεῖα (γλῶττα) χρήσιμος. hist. an. IV, 8. 533 a 17], die Zunge das Organ derselben (hist. an. IV, 8. 533 a 26: τὸ μὲν τῶν χυμῶν αἰσθητήριον, τὴν γλῶτταν κτλ.).

8) de an. II, 10,₁. 422 a 10: τὸ σῶμα δὲ ἐν ᾧ ὁ χυμός, τὸ γευστόν, ἐν

stellt auch der Geschmackssinn eine Art von Tastsinn dar [1]) und hat Theil an der Trefflichkeit, die diesem beim Menschen zukommt [2]).

Die schmeckbaren Säfte entstehen aus dem Wasser. Ueber die Art und Weise dieser Entstehung aber gehen die Ansichten aus einander. Empedokles lehrt, dass das Wasser schon alle Arten von Geschmäcken in sich schliesse, und dass dieselben nur wegen ihrer Geringfügigkeit nicht bemerkt würden [3]). Andere halten das Wasser für die Materie, aus der, wie aus einer allgemeinen Samenstätte, alle Geschmäcke, der eine aus diesem, der andere aus jenem Theile, sich von selbst entwickeln [4]). Allein weder das Erste [5]), noch das Zweite [6]) ist zulässig. Das Wasser schliesst keinen einzigen dieser Unterschiede von vornherein in sich ein, sondern ohne alle spontane Thätigkeit desselben werden jene Unterschiede von einer äussern Ursache auf die Weise in ihm hervorgebracht [7]), dass es selbst von dieser etwas erlei-

---

ὑγρῷ ὡς ὕλῃ· τοῦτο δ' ἁπτόν τι. vgl. de an. III, 12, 7. 434 b 18—20. de sensu 5. 443 a 6—7.

1) de part. an. II, 17. 660 a 21—22: ἡ δὲ γεῦσις ἁφή τίς ἐστιν. .de an. III, 12, 7. 434 b 18: διὸ καὶ ἡ γεῦσίς ἐστιν ὥσπερ ἁφή τις· τροφῆς γάρ ἐστιν, ἡ δὲ τροφὴ τὸ σῶμα τὸ ἁπτόν... ὥστε καὶ τὴν γεῦσιν ἀνάγκη ἁφὴν εἶναί τινα διὰ τὸ τοῦ ἁπτοῦ καὶ θρεπτικοῦ αἴσθησιν εἶναι. ebend. II, 9, 2. 421 a 18—19. de sensu 2. 438 b 30 ff. ebend. 2. 441 a 3. de part. an. II, 10. 656 b 37 f. Deshalb ist es auch kein Widerspruch, wenn nach de an. II, 3, 3. 414 b 7 [ἡ γὰρ ἁφὴ τῆς τροφῆς αἴσθησις] der Tastsinn, nach de sensu 1. 436 b 12 [ἰδίᾳ δ' ἤδη καθ' ἕκαστον ἡ μὲν ἁφὴ καὶ γεῦσις ἀκολουθεῖ πᾶσιν ἐξ ἀνάγκης,... ἡ δὲ γεῦσις διὰ τὴν τροφήν.] dagegen der Geschmack der Sinn der Nahrung sein soll.

2) de an. II, 9, 2. 421 a 16: ἀκριβεστέραν ἔχομεν τὴν γεῦσιν (als den Geruchsinn) διὰ τὸ εἶναι αὐτὴν ἁφήν τινα, ταύτην δ' ἔχειν τὴν αἴσθησιν τὸν ἄνθρωπον ἀκριβεστάτην. hist. an. I, 15. 494 b 16: ἔχει δ' ἀκριβεστάτην ἄνθρωπος τῶν αἰσθήσεων τὴν ἁφήν, δευτέραν δὲ τὴν γεῦσιν· ἐν δὲ ταῖς ἄλλαις λείπεται πολλῶν. de part. an. II, 17. 660 a 20—22.

3) de sensu 4. 441 a 4: ἀνάγκη δ' ἢ ἐν αὐτῷ τὸ ὕδωρ ἔχειν τὰ γένη τῶν χυμῶν ἀναίσθητα διὰ μικρότητα, καθάπερ Ἐμπεδοκλῆς φησιν —

4) de sensu 4. 441 a 6: ... ἢ ὕλην τοιαύτην εἶναι [so EMY; Bekker: ἐνεῖναι] οἷον πανσπερμίαν χυμῶν, καὶ ἅπαντα μὲν ἐξ ὕδατος γίγνεσθαι, ἄλλα δ' ἄλλου μέρους. Nach Brandis, Handbuch u. s. w. II ², 1195 Anm. 297. bezieht Alexander 105, b die Annahme auf Demokrit.

5) de sensu 4. 441 a 10: τούτων δ', ὡς μὲν Ἐμπεδοκλῆς λέγει, λίαν εὐσύνοπτον τὸ ψεῦδος.

6) de sensu 4. 441 a 18: ὁμοίως δὲ καὶ τὸ πανσπερμίας εἶναι τὸ ὕδωρ ὕλην ἀδύνατον.

7) de sensu 4. 441 a 8: ἢ μηδεμίαν ἔχοντος διαφορὰν τοῦ ὕδατος τὸ ποιοῦν αἴτιον εἶναι, für welches Glied der Distinktion sich Aristoteles a 20 als für das Richtige entscheidet.

det [1]). So kann man dem Wasser auf künstlichem Wege durch Abspülen einen Geschmack mittheilen [2]). Auf ähnliche Weise bringt auch die Natur schmeckbare Säfte hervor, indem sie unter dem Einflusse der Wärme das Nasse durch Trocknes und Erdiges hindurchseiht und es so einer gewissen Qualität theilhaftig macht [3]).

Wie schon oben bemerkt wurde, kommt der Geschmack nicht den einfachen Elementen, sondern nur den Mischungen aus denselben zu [4]). Nun sind aber auch nur diese Mischungen, nicht die einfachen Elemente, zur Nahrung tauglich [5]). Darum steht denn der Geschmackssinn zugleich in einer innigen Beziehung zur Ernährung [6]).

Die beiden entgegengesetzten Hauptarten des Geschmacks sind das Süsse und das Bittere [7]). Durch die verschiedenen Verbindungen

---

1) de sensu 4. 441 a 20: λείπεται δὴ τῷ πάσχειν τι τὸ ὕδωρ μεταβάλλειν.

2) de sensu 4. 441 b 15: ὥσπερ οὖν οἱ ἐναποπλύνοντες ἐν τῷ ὑγρῷ τὰ χρώματα καὶ τοὺς χυμοὺς τοιοῦτον ἔχειν ποιοῦσι τὸ ὕδωρ —

3) ebend. b 17: οὕτω καὶ ἡ φύσις τὸ ξηρὸν καὶ τὸ γεῶδες, καὶ διὰ τοῦ ξηροῦ καὶ γεώδους [womit übereinstimmt de sensu 4. 441a 28: οἱ γὰρ χυμοὶ πάντες πάχος ἔχουσι μᾶλλον, verglichen mit de gener. et corr. II, 3. 330a 3: τὸ μὲν λεπτὸν ἔσται τοῦ ὑγροῦ, τὸ δὲ παχὺ τοῦ ξηροῦ] διηθοῦσα καὶ κινοῦσα τῷ θερμῷ [441a 20: τὸ δὲ θερμὸν συναίτιον. b 8: πάσχειν γὰρ πέφυκε τὸ ὑγρόν, ὥσπερ καὶ τἆλλα, ὑπὸ τοῦ ἐναντίον. ἐναντίον δὲ τὸ ξηρόν. διὸ καὶ ὑπὸ τοῦ πυρὸς πάσχει τι· ξηρὰ γὰρ ἡ τοῦ πυρὸς φύσις. ἀλλ' ἴδιον τοῦ πυρὸς τὸ θερμόν ἐστι, γῆς δὲ τὸ ξηρόν... ᾗ μὲν οὖν πῦρ καὶ ᾗ γῆ, οὐδὲν πέφυκε ποιεῖν ἢ πάσχειν, οὐδ' ἄλλο οὐδέν· ᾗ δ' ὑπάρχει ἐναντιότης ἐν ἑκάστῳ, ταύτῃ πάντα καὶ ποιοῦσι καὶ πάσχουσι] ποιόν τι τὸ ὑγρὸν παρασκευάζει. Deshalb ist das Schmeckbare die von dem bezeichneten Trocknen im Nassen hervorgebrachte Qualität, welche geeignet ist, den potentiellen Geschmackssinn zu aktualisiren. [a. a. O. b 19: καὶ ἔστι τοῦτο χυμὸς τὸ γιγνόμενον ὑπὸ τοῦ εἰρημένου ξηροῦ πάθος ἐν τῷ ὑγρῷ τῆς γεύσεως τῆς κατὰ δύναμιν ἀλλοιωτικὸν εἰς ἐνέργειαν.]

4) meteor. II, 3. 358 b 18: καὶ γὰρ οἶνος καὶ πάντες οἱ χυμοί, ὅσοι ἂν ἀτμίσαντες πάλιν εἰς ὑγρὸν συστῶσιν, ὕδωρ γίγνονται· πάθη γὰρ τἆλλα διά τινα σύμμιξιν τοῦ ὕδατός ἐστιν, καὶ οἷον ἄν τι ᾖ τὸ συμμιχθέν, τοιοῦτον ποιεῖ τὸν χυμόν. de sensu 5. 443 a 8 ff.

5) de sensu 4. 441 b 26: τροφὴ γὰρ οὐδὲν αὐτῶν (weder das einfache Trockne — Erde, Feuer —, noch das einfache Nasse — Wasser, Luft —) τοῖς ζῴοις, ἀλλὰ τὸ μεμιγμένον. Es gilt das ja auch von den Elementen unserer Chemie.

6) de sensu 4. 441 b 24: οὐ παντὸς ξηροῦ, ἀλλὰ τοῦ τροφίμου οἱ χυμοὶ ἢ πάθος εἰσὶν ἢ στέρησις. 442 a 1: τρέφει δὲ ᾧ γευστὸν τὸ προσφερόμενον. 1. 436 b 17: ὁ χυμός ἐστιν τοῦ θρεπτικοῦ μορίου πάθος. Deshalb ist der Geschmackssinn der Nahrung wegen da [de sensu 1. 436 a 15: ἡ δὲ γεῦσις διὰ τὴν τροφήν. de an. III, 13, 3. 435 b 22], der Sinn der Nahrung [de an. III, 12, 7. 434 b 18: ἡ γεῦσις ὥσπερ ἁφή τις· τροφῆς γάρ ἐστιν.]. Vgl. S. 33, Anm. 1.

7) de an. II, 10, 5. 422 b 10: τὰ δ' εἴδη τῶν χυμῶν, ὥσπερ καὶ ἐπὶ τῶν χρωμάτων, ἁπλᾶ μὲν τἀναντία, τὸ γλυκὺ καὶ τὸ πικρόν. de sensu 4 442 b 17—19.

beider entstehen die übrigen Arten der Geschmäcke [1]), unter denen sich, wie bei den Farben, sieben besonders charakteristisch hervorheben [2]). Doch dient zur Nahrung eigentlich nur das Süsse [3]), während das Salzige und Scharfe die Würze derselben abgeben [4]).

5) Das Tastbare endlich bildet das Objekt des Tastsinnes [5]). Hatten wir aber bei allen übrigen Sinnen nur einen einzigen Gegensatz, wie den des Weissen und Schwarzen, des Bittern und Süssen, so sind dagegen der Arten des Tastbaren sehr viele [6]), und wenn sich dieselben auch auf vier zurückführen lassen [7]), die Gegensätze des Warmen und Kalten, Trocknen und Nassen [8]), so lassen diese doch keine weitere Reduktion zu [9]). Der Grund davon ist folgender. Die wahrnehmbaren Qualitäten der übrigen Sinne fallen sämmtlich unter einen gemeinsamen Gattungsbegriff, haben alle ein gemeinsames logisches Subjekt; die Arten des Sichtbaren z. B. haben alle den Begriff der Farbe gemein, die des Hörbaren den des Tons. Da nun ein Gattungsbegriff zwei am meisten extreme Artbegriffe einschliesst, so gibt es für jene Sinne auch einen einzigen Gegensatz. Die tastbaren Qualitäten kommen aber nicht in einem solchen Gattungsbegriffe überein [10]); mithin

---

1) de sensu 4. 442 a 12: ὥσπερ δὲ τὰ χρώματα ἐκ λευκοῦ καὶ μέλανος μίξεώς ἐστιν, οὕτως οἱ χυμοὶ ἐκ γλυκέος καὶ πικροῦ.
2) de sensu 4. 442 a 19: σχεδὸν γὰρ ἴσα καὶ τὰ τῶν χυμῶν εἴδη καὶ τὰ τῶν χρωμάτων ἐστίν. ἑπτὰ γὰρ ἀμφοτέρων εἴδη.
3) de sensu 4. 442 a 2: πάντα γὰρ τρέφεται τῷ γλυκεῖ, ἢ ἁπλῶς ἢ μεμιγμένως. a 8. de an. II, 11,₂. 422 b 25. de gener. an. IV, 8. 776 a 28—29.
4) de sensu 4. 442 a 8: συμμίγνυνται δ᾽ οἱ ἄλλοι χυμοὶ εἰς τὴν τροφὴν τὸν αὐτὸν τρόπον τῷ ἁλμυρῷ καὶ ὀξεῖ, ἀντὶ ἡδύσματος.
5) de an. III, 12. 434 b 12: ἁπτὸν δὲ τὸ αἰσθητὸν ἁφῇ. de gener. et corr. II, 2. 329 b 8: ἁπτὸν δ᾽, οὗ ἡ αἴσθησις ἁφή.
6) de an. II, 11,₂. 422 b 23: πᾶσά τε γὰρ αἴσθησις μιᾶς ἐναντιώσεως εἶναι δοκεῖ ... ἐν δὲ τῷ ἁπτῷ πολλαὶ ἔνεισιν ἐναντιώσεις. de gener. et corr. II, 2. 329 b 17—20. de part. an. II, 1. 647 a 16—18.
7) de gener. et corr. II, 2. 330 a 24: δῆλον τοίνυν ὅτι πᾶσαι αἱ ἄλλαι διαφοραὶ ἀνάγονται εἰς τὰς πρώτας τέτταρας.
8) de an. III, 11,₁₀. 423 b 27: λέγω δὲ διαφορὰς ... θερμὸν ψυχρόν, ξηρὸν ὑγρόν. Auch de part. an. II, 1. 647 a 16—18 werden mit Namen nur diese vier Arten aufgeführt. Vgl. Jürgen Bona Meyer, Aristoteles Thierkunde, Berlin 1855. S. 402 f.
9) de gener. et corr. II, 2. 330 a 25: αὗται (die vier Qualitäten) δὲ οὐκέτι εἰς ἐλάττους (ἀνάγονται). So unterscheidet ja auch unsere Physiologie scharf zwischen Druck- und Temperaturempfindung.
10) de an. II, 11,₂. 422 b 32: ἀλλὰ τί τὸ ἓν τὸ ὑποκείμενον, ὥσπερ ἀκοῇ ψόφος, οὕτω τῇ ἁφῇ, οὐκ ἔστιν ἔνδηλον.

kann hier von einem einzigen Gegensatze auch nicht die Rede sein. Nur so viel lässt sich sagen, dass die tastbaren Qualitäten Qualitäten des Körpers als Körper sind [1]) und dass ihre vier Hauptarten die Verschiedenheit der Elemente bestimmen [2]).

Aber wie löst sich diese Schwierigkeit? Als eine „Art von Lösung" wird in den Büchern von der Seele die Behauptung aufgestellt, dass auch bei den übrigen Sinnen der Gegensätze mehrere seien [3]). Allein, wie schon Themistius bemerkt [4]), kann dieses unmöglich die wahre Ansicht des Aristoteles sein; denn einerseits widerspricht jene Behauptung früher citirten klaren Aussprüchen, welche wie aus einem Munde jedem Sinne nur einen einzigen Gegensatz zuschreiben; anderseits lässt sie sich mit der Behauptung nicht vereinigen, dass jeder Sinn nur eine einzige Gattung von Wahrnehmbarem zum Objekte habe [5]), jede Gattung aber nur einen einzigen Gegensatz einschliesse [6]). Also sind wir vor die Alternative gestellt: entweder ist der Tastsinn einer; — dann aber müssen sich die Arten des Tastbaren auf einen einzigen Gegensatz reduciren lassen —; oder der Hauptarten des Tastbaren sind vier, und dem entsprechend der Gegensätze zwei — dann aber muss sich auch der Tastsinn oder besser Gefühlssinn in zwei Sinne gliedern, die

---

1) de an. II, 11, 2. 423 b 26: ἁπταὶ μὲν οὖν εἰσὶν αἱ διαφοραὶ τοῦ σώματος ᾗ σῶμα. de gener. et corr. II, 2. 329 b 8: οὐ πᾶσαι αἱ ἐναντιώσεις σώματος εἴδη καὶ ἀρχὰς ποιοῦσιν, ἀλλὰ μόνον αἱ κατὰ τὴν ἁφήν.

2) de gener. et corr. II, 3. 330 b 3: τὸ μὲν γὰρ πῦρ θερμὸν καὶ ξηρόν, ὁ δ' ἀὴρ θερμόν καὶ ὑγρόν, ... τὸ δ' ὕδωρ ψυχρὸν καὶ ὑγρόν, ἡ δὲ γῆ ψυχρὸν καὶ ξηρόν.

3) de an. II, 11, 2. 422 b 27: ἔχει δέ τινα λύσιν πρός γε ταύτην τὴν ἀπορίαν, ὅτι καὶ ἐπὶ τῶν ἄλλων αἰσθήσεών εἰσιν ἐναντιώσεις πλείους, οἶον ἐν φωνῇ οὐ μόνον ὀξύτης καὶ βαρύτης, ἀλλὰ καὶ μέγεθος καὶ μικρότης, καὶ λειότης καὶ τραχύτης φωνῆς καὶ τοιαῦθ' ἕτερα. εἰσὶ δὲ καὶ περὶ χρῶμα διαφοραὶ τοιαῦται ἕτεραι.

4) Themist. de an. II, 11. (II, 132, 20 ff. Spengel.), wo er die angegebene Lösung mit den Worten einleitet: τοῦτο μὲν οὖν ἴσως ἄν τις οὐκ ἀποχρώντως μέν, ἀλλὰ πιθανῶς διαλύσειεν.

5) de sensu 7. 447 b 13: ἑνὸς μὲν γὰρ ἀριθμῷ ἡ κατ' ἐνέργειαν μία (αἴσθησις), εἴδει δὲ ἡ κατὰ δύναμιν μία. metaph. IV, 2. 1003 b 19: ἅπαντος δὲ γένους ἡ αἴσθησις μία ἑνὸς καὶ ἐπιστήμη. de part. an. II, 1. 647 a 6: ... διὰ τὸ τῶν αἰσθήσεων ὁποιανοῦν ἑνός τινος εἶναι γένους. de an. III, 1, 5. 425 a 19: ἑκάστη γὰρ ἓν αἰσθάνεται αἴσθησις.

6) phys. I, 6. 189 a 13: μία τε ἐναντίωσις ἐν παντὶ γένει ἑνί. b 25: ἀεὶ γὰρ ἐν ἑνὶ γένει μία ἐναντίωσίς ἐστιν, πᾶσαί τε αἱ ἐναντιώσεις ἀνάγεσθαι δοκοῦσιν εἰς μίαν.

wir etwa als Tastsinn im engern Sinne und Temperatursinn bezeichnen könnten [1]). — Die erste Möglichkeit indess ist durch die klaren Worte des Aristoteles ausgeschlossen [2]); es bleibt also nur die zweite. Obgleich Aristoteles dieselbe nicht klar und bestimmt als seine Ansicht hinstellt, so schliesst er sie doch nicht, wie die erste, aus, und es lässt sich durch Analogien darthun, dass dieselbe seinem Systeme nicht nur nicht widerspricht, sondern vielmehr in demselben ihre hinreichende Erklärung findet.

Geschmack und Gefühl lassen sich nämlich nach ihm nur darum als zwei besondere Sinne unterscheiden, weil wir zwar mit der schmeckenden Zunge auch tasten, nicht aber umgekehrt mit dem ganzen tastenden Körper auch schmecken können; denn wäre letzteres der Fall, so würden wir in beiden Sinnen nur einen einzigen erblicken [3]). Ebenso können die von den Objekten des Gesichts-, Gehörs- und Geruchssinnes zu den Organen derselben übergehenden Bewegungen auseinander gehalten werden, weil sie durch ein ausserhalb des Körpers gelegenes und uns deshalb gewissermassen gegenständlich gegenübertretendes Mittel, die Luft oder das Wasser, fortgepflanzt werden, und bieten damit die Möglichkeit, jene drei Sinne, die für uns zusammenfliessen würden, wenn die Luft, resp. das Wasser uns angewachsen wäre, in ihrer Besonderheit zu erfassen [4]). Nichts von dem findet bei den Sinnen für das Warme und Kalte und für das Trockne und Nasse statt; weder gibt es einen Theil des Körpers, mit dem wir nur ersteres wahrnehmen könnten, nicht aber letzteres, oder umgekehrt, noch ist das Medium derselben, das Fleisch nämlich, weil angewachsen, der Art, dass sich darin die verschiedenen Gattungen von Bewegung unterscheiden liessen. Darum fallen jene beiden Sinne, die an sich nach dem Princip des Aristoteles, die Vermögen nach den Objekten zu bestimmen,

---

1) Vgl. Trendelenburg, de an. p. 404: „de hac ipsa quaestione, quid Aristoteles de tactu statuerit, num sit tactus plures sensus inter se concreti ... commentatores in diversas partes discedunt.

2) Vgl. S. 35 Anm. 9 u. 6.

3) de an. II, 11, 5. 423 a 19: εἰ μὲν οὖν καὶ ἡ ἄλλη σὰρξ ᾐσθάνετο τοῦ χυμοῦ, ἐδόκει ἂν ἡ αὐτὴ καὶ μία εἶναι αἴσθησις ἡ γεῦσις καὶ ἡ ἁφή· νῦν δὲ δύο διὰ τὸ μὴ ἀντιστρέφειν.

4) de an. II, 11, 4. 423 a 7: εἰ κύκλῳ ἡμῖν περιεπεφύκει ὁ ἀήρ, ἐδοκοῦμεν .. ἂν ἑνί τινι αἰσθάνεσθαι καὶ ψόφον καὶ χρώματος καὶ ὀσμῆς, καὶ μία τις αἴσθησις εἶναι ὄψις ἀκοὴ ὄσφρησις. νῦν δὲ διὰ τὸ διωρίσθαι δι' οὗ γίνονται αἱ κινήσεις, φανερὰ τὰ εἰρημένα αἰσθητήρια ἕτερα ὄντα.

zu trennen sind, für unser Bewusstsein und die gewöhnliche Anschauung, von der sich auch Aristoteles nicht ganz zu entfernen vermag, in einen einzigen Sinn zusammen.

2. Medien.

In Beziehung auf das Medium der Wahrnehmung ist wohl zu unterscheiden zwischen Gesicht, Gehör, Geruch einerseits, und dem Tastsinn (mit dem Geschmackssinn) anderseits [1]). Der Tastsinn nämlich (und natürlich auch der Geschmackssinn, der ja eine Art von Tastsinn ist) nimmt nur das wahr, was unmittelbar den Körper berührt [2]). Die übrigen Sinne dagegen sind für ein in der Ferne befindliches Objekt bestimmt [3]), wenn es auch immerhin eine Grenze gibt, über welche die Wahrnehmung nicht hinausreicht [4]). Diese Sinne erfordern daher ein ausserhalb des Körpers zwischen ihm und dem Objekte befindliches Medium, welches, selbst vom Objekte in Bewegung gesetzt, seinerseits wieder auf das Sinnesorgan einwirkt [5]). Am geeignetsten für diese Fortpflanzung der Bewegung ist aber die Luft und auch das Wasser, während der Stein z. B. gar nicht von der Bewegung ergriffen wird, das Wachs nur soweit, als man den bewegenden Körper hineindrückt, ohne dass ein Siegel z. B. sich weiter in ihm ausbreitet, als der Siegelring reicht [6]). So geben denn für Gesicht, Gehör und Geruch Luft und

---

1) Vgl. Trendelenburg, de an. p. 400 ff.
2) de an. III, 12, 6. 434 b 16: .. ἁπτόμενον δέ, εἰ μὴ ἕξει αἴσθησιν, οὐ δυνήσεται τὰ μὲν φεύγειν τὰ δὲ λαβεῖν. III, 1, 1. 424 b 27: ὅσων μὲν αὐτῶν ἁπτόμενοι αἰσθανόμεθα, τῇ ἁφῇ αἰσθητά ἐστιν.
3) de an. III, 12, 6. 434 b 14: αἱ γὰρ ἄλλαι αἰσθήσεις δι' ἑτέρων αἰσθάνονται, οἷον ὄσφρησις ὄψις ἀκοή. Es steht dies dem folgenden ἁπτόμενον δέ gegenüber. Vgl. ebend. II, 11, 7. 423 b 1—6.
4) de sensu 7. 449 a 21: ἔστι γὰρ ὅθεν μὲν οὐκ ἂν ὀφθείη, ἄπειρον τὸ ἀπόστημα, ὅθεν δὲ ὁρᾶται, πεπερασμένον. ὁμοίως δὲ καὶ τὸ ὀσφραντὸν καὶ ἀκουστὸν καὶ ὅσων μὴ αὐτῶν ἁπτόμενοι αἰσθάνονται. ἔστι δέ τι ἔσχατον τοῦ ἀποστήματος ὅθεν οὐχ ὁρᾶται, καὶ πρῶτον ὅθεν ὁρᾶται.
5) de an. III, 12, 8. 434 b 27: τοῦτο δ' ἂν εἴη, εἰ διὰ τοῦ μεταξὺ αἰσθητικὸν εἴη τῷ ἐκεῖνο μὲν ὑπὸ τοῦ αἰσθητοῦ πάσχειν καὶ κινεῖσθαι, αὐτὸ δὲ ὑπ' ἐκείνου.
6) de an. III, 12, 9. 435 a 2: οἷον εἰ εἰς κηρὸν βάψειέ τις, μέχρι τούτου ἐκινήθη, ἕως ἔβαψεν· λίθος δὲ οὐδέν, ἀλλ' ὕδωρ μέχρι πόρρω. ὁ δ' ἀὴρ ἐπὶ πλεῖστον κινεῖται καὶ ποιεῖ καὶ πάσχει, ἐὰν μένῃ καὶ εἷς ᾖ. Zu letzterm vgl. ebend. II, 7, 5. 419 a 13: ἀλλὰ τὸ μὲν χρῶμα κινεῖ τὸ διαφανές, οἷον τὸν ἀέρα, ὑπὸ τούτου δὲ συνεχοῦς ὄντος κινεῖται τὸ αἰσθητήριον. Es wird an die

Wasser im allgemeinen die die Empfindung vermittelnden Medien ab¹). Indessen erscheint es als nöthig, für die einzelnen Sinne noch verschiedene nähere Bestimmungen zu treffen.

1) Medien des Gesichtssinns sind, wie schon bemerkt wurde, Luft und Wasser, wozu noch einige feste Körper kommen²). Doch erscheinen sie als solche nicht nach ihrer physischen Beschaffenheit, sondern insoweit sie durchsichtig sind³). Die Durchsichtigkeit kommt ihnen nämlich nicht zu, insoweit sie Luft und Wasser sind, sondern sofern sie eine ihnen mit dem inkorruptibeln Aether gemeinsame Natur einschliessen⁴). Natürlich muss das Mittel, um die Farbe richtig aufnehmen und fortpflanzen zu können, selbst farblos sein⁵); denn ein gefärbtes Mittel würde die Objekte nicht in ihrer wahren Farbe erscheinen lassen⁶).

Unterbrechung durch undurchsichtige, überhaupt nicht leitende Körper zu denken sein. Freilich ist nicht ganz klar, warum die Luft hier wegen ihrer leichten Beweglichkeit, also wegen ihrer eigenthümlichen Natur als Luft, zur Wahrnehmung besonders geeignet sein soll, während doch nach de sensu 2. 438 a 13—15 (unten Anm. 3) das Wasser wenigstens die Farbe nicht vermöge seiner Natur als Wasser, sondern vermöge seiner Durchsichtigkeit leiten soll, eine Eigenschaft, die ihm mit der Luft gemeinsam sei.

1) de an. II, 11, 9. 423 b 17: ὅλως δ' ἔοικεν ἡ σὰρξ καὶ ἡ γλῶττα, ὡς ὁ ἀὴρ καὶ τὸ ὕδωρ πρὸς τὴν ὄψιν καὶ τὴν ἀκοὴν καὶ τὴν ὄσφρησιν ἔχουσιν, οὕτως ἔχειν πρὸς τὸ αἰσθητήριον (d. h. nach dem Zusammenhange als Medium der Wahrnehmung).

2) Vgl. de an. II, 7, 2. 418 b 6: τοιοῦτον (διαφανές) δέ ἐστιν ἀὴρ καὶ ὕδωρ καὶ πολλὰ τῶν στερεῶν. Bei letzterm denkt Aristoteles wol nicht an das S. 24 Anm. 1 u. 2 bezeichnete Durchsichtige in den Körpern, welches nicht Medium der Fortpflanzung für die Farben, sondern ihr Träger ist; vielmehr an Glas u. dgl.

3) Vgl. de sensu 2. 438 a 13; wo vom Wasser in der Pupille, das nach Aristoteles die Leitung der Lichtstrahlen weiter nach innen hin zu übernehmen hat, gesagt wird: οὐ μέντοι συμβαίνει τὸ ὁρᾶν ᾗ ὕδωρ, ἀλλ' ᾗ διαφανές· ὃ καὶ ἐπὶ τοῦ ἀέρος κοινόν ἐστιν. Vgl. auch de sensu 5. 442 b 29 ff. (S. 42 Anm. 2).

4) de an. II, 7, 2. 418 b 7: οὐ γὰρ ᾗ ὕδωρ οὐδ' ᾗ ἀὴρ διαφανές, ἀλλ' ὅτι ἐστί τις φύσις ὑπάρχουσα ἡ αὐτὴ ἐν τούτοις ἀμφοτέροις καὶ ἐν τῷ ἀϊδίῳ τῷ ἄνω σώματι. Letzteres ist der Aether (vgl. Kampe a. a. O. S. 20 Anm. 4), „das obere Element" [τὸ ἄνω στοιχεῖον, meteor. I, 3. 341 a 3., an das sich der Reihe nach Feuer, Luft, Wasser und Erde anschliessen (de coel. II, 4. 287 a. 31—34)], weniger genau der Himmel, wie Trendelenburg (de an. S. 373 f.) will (vgl. dagegen bes. Bock, a. a. O. S. 9 ff.).

5) de an. II, 7, 4. 418 b 26 ἔστι δὲ χρώματος μὲν δεκτικὸν τὸ ἄχρουν.

6) Darauf bezieht sich wol de sensu 3. 439 b 5: ἐν δὲ τοῖς σώμασιν ἐὰν μὴ τὸ περιέχον ποιῇ τὸ μεταβάλλειν, ὥρισται καὶ ἡ φαντασία τῆς χρόας. Ein

Indem Aristoteles die Annahme körperlicher Ausflüsse aus den Objekten für die Erklärung des Sehens verwirft und dasselbe auf Bewegungen einer in Wasser, Luft und Aether enthaltenen Natur zurückführt, hat er die Newton'sche Emanationshypothese schon im voraus zurückgewiesen; ja es lässt sich sogar nicht verkennen, dass eine dunkle Ahnung unserer Undulationslehre vor seinem forschenden Geiste bereits aufgestiegen war, trotzdem er in Ermangelung der glänzenden experimentellen und kalkulatorischen Hülfsmittel, welche uns jetzt zu Gebote stehen, einzig und allein auf den Boden allgemein philosophischer Betrachtung angewiesen war. Was seine Ansicht indess noch immer scharf von der unserer Physiker unterscheidet, ist der Umstand, dass er das Sichtbarwerden zwar auf einen Vorgang in einem Medium, aber nicht auf Vibration, also Ortsbewegung, sondern auf eine qualitative Veränderung ($\dot{\alpha}\lambda\lambda o\acute{\iota}\omega\sigma\iota\varsigma$) zurückführt. Die Erscheinung des Lichtes, so lehrt er nämlich, beruhe nicht auf einer Ortsbewegung, wie dies bei den andern Sinnen der Fall sei, sondern sie sei eine **Wesenheit** (die allerdings nicht als Ausfluss aus dem wahrgenommenen Körper zu fassen ist). Damit steht dann die weitere, jetzt gleichfalls als falsch erwiesene Lehre im Zusammenhange, das Licht pflanze sich nicht allmählich fort, sondern erhelle im selben Moment den ganzen Raum zwischen dem leuchtenden Körper und dem Auge; denn eine qualitative Veränderung könne sich im Gegensatz zur lokalen Bewegung sofort über einen weiten Umfang ausbreiten [1]).

2) Ebenso sind für den **Gehörssinn** Luft und Wasser die leiten-

---

Beispiel davon de sensu 3. 440 a 10: .. *καὶ οἷον ὁ ἥλιος καϑ' αὐτὸν μὲν λευκὸς φαίνεται, διὰ δ' ἀχλύος καὶ καπνοῦ φοινικοῦς.*

1) de sensu 6. 446 a 20: *ἀπορήσειε δ' ἄν τις, ἆρ' ἀφικνοῦνται ἢ τὰ αἰσϑητὰ ἢ αἱ κινήσεις αἱ ἀπὸ τῶν αἰσϑητῶν, ὁποτέρως ποτὲ γίνεται ἡ αἴσϑησις, ὅταν ἐνεργῶσιν, εἰς τὸ μέσον πρῶτον, οἷον ἥ τε ὀσμὴ φαίνεται ποιοῦσα καὶ ὁ ψόφος (πρότερον γὰρ δ' ἐγγὺς αἰσϑάνεται τῆς ὀσμῆς καὶ ὁ ψόφος ὕστερον ἀφικνεῖται τῆς πληγῆς)· ἆρ' οὖν οὕτω καὶ τὸ ὁρώμενον καὶ τὸ φῶς; καϑάπερ καὶ Ἐμπεδοκλῆς φησὶν ἀφικνεῖσϑαι πρότερον τὸ ἀπὸ τοῦ ἡλίου φῶς εἰς τὸ μεταξὺ πρὶν πρὸς τὴν ὄψιν ἢ ἐπὶ τὴν γῆν .... b 27: περὶ δὲ τοῦ φωτὸς ἄλλος λόγος· τῷ εἶναι γάρ τι φῶς ἐστιν, ἀλλ' οὐ κίνησίς τις. ὅλως δὲ οὐδὲ ὁμοίως ἐπί τε ἀλλοιώσεως ἔχει καὶ φορᾶς· αἱ μὲν γὰρ φοραὶ εὐλόγως εἰς τὸ μεταξὺ πρῶτον ἀφικνοῦνται (δοκεῖ δ' ὁ ψόφος εἶναι φερομένου τινὸς κίνησις), ὅσα δ' ἀλλοιοῦται, οὐκέτι ὁμοίως· ἐνδέχεται γὰρ ἀϑρόον ἀλλοιοῦσϑαι, καὶ μὴ τὸ ἥμισυ πρότερον, οἷον τὸ ὕδωρ ἅμα πᾶν πήγνυσϑαι* [ebenfalls unrichtig] ... 447 a 8: *εὐλόγως δ' ὧν ἐστι μεταξὺ τοῦ αἰσϑητηρίου, οὐχ ἅμα πάντα πάσχει, πλὴν ἐπὶ τοῦ φωτὸς διὰ τὸ εἰρημένον. διὰ τὸ αὐτὸ δὲ καὶ ἐπὶ τοῦ ὁρᾶν· τὸ γὰρ φῶς ποιεῖ τὸ ὁρᾶν.*

den Mittel [1]), welche, selbst tonlos [2]), den Ton auf das Gehörorgan übertragen [3]). Doch geschieht diese Uebertragung nicht, wie beim Gesichtssinn, in ihrer ganzen Ausdehnung in einem einzigen Zeitmoment, sondern sie erfolgt successive, weshalb wir denn auch, wenn jemand in der Ferne mit einem Instrument einen Schlag vollführt, denselben eher mit unserm Auge wahrnehmen, als der Ton davon unser Ohr trifft [4]). Soll indess ein Schall bis zu uns gelangen, so muss die Luft [5]) eine ununterbrochene Leitung vom Objekte bis zu unserm Ohre hin bilden [6]), und es darf die Erschütterung, welche sie erleidet, auch nicht zu geringfügig sein; denn wenn z. B. zwei Nadelspitzen an einander gestossen werden, so kann dadurch die Luft unmöglich in der für das Zustandekommen eines Tons erforderlichen Masse erschüttert werden [7]).

3) Endlich hat auch der Geruchssinn Luft und Wasser zu Medien [8]). Letzterem kommt diese Funktion namentlich für die Wasserthiere zu; denn dass auch diese, oder wenigstens manche von ihnen, mit der Fähigkeit begabt sind, Gerüche zu empfinden [9]), erhellt aus

---

1) de an. II, 8, ₂. 419 b 18: ἔτι ἀκούεται ἐν ἀέρι καὶ ὕδατι. 7, ₉, 419 a 32: τὸ δὲ μεταξὺ ψόφων μὲν ἀήρ (von Torstrik in folgender Weise ergänzt: τὸ δὲ μεταξὺ ψόφου μὲν καὶ ὀσμῆς ἀήρ τε καὶ ὕδωρ).
2) de an. II, 7, ₄. 418 b 26: ἔστι ... δεκτικόν ... ψόφου .. τὸ ἄψοφον.
3) de an. II, 7, ₈. 419 a 27: ὑπὸ μὲν ὀσμῆς καὶ ψόφου τὸ μεταξὺ κινεῖται, ὑπὸ δὲ τούτου τῶν αἰσθητηρίων ἑκάτερον.
4) Vgl. S. 40 Anm.
5) Analoges wird auch vom Wasser zu sagen sein; denn: καὶ ἐν ὕδατι ἀκούομεν (de an. II, 8, ₆. 420 a 11; vgl. hist. an. IV, 8. 533 b 4 ff.).
6) de an. II, 8, ₀. 420 a 3: ψοφητικὸν μὲν οὖν τὸ κινητικὸν ἑνὸς ἀέρος συνεχείᾳ μέχρις ἀκοῆς.
7) de an. II, 8, ₇. 420 a 23: οὐ δὴ πᾶν .. ψοφεῖ τυπτόμενον καὶ τύπτον οἷον ἐὰν πατάξῃ βελόνη βελόνην· ἀλλὰ δεῖ τὸ τυπτόμενον ὁμαλὸν εἶναι ὥστε τὸν ἀέρα ἀθροῦν ἀφάλλεσθαι καὶ σείεσθαι.
8) de an. II, 9, ₅ 421 b 8: ἔστι δὲ καὶ ἡ ὄσφρησις διὰ τοῦ μεταξύ, οἷον ἀέρος ἢ ὕδατος. Vgl. ebend. 7, ₅. 419 a 32 mit den Ergänzungen von Torstrik (oben Anm. 1).
9) de sensu 5. 443 a 2: οὐ γὰρ μόνον ἐν ἀέρι, ἀλλὰ καὶ ἐν ὕδατι τὸ τῆς ὀσφρήσεώς ἐστιν. δῆλον δ' ἐπὶ τῶν ἰχθύων καὶ τῶν ὀστρακοδέρμων. de an. II, 7, ₉. 419 a 35: φαίνεται γὰρ καὶ τὰ ἔνυδρα τῶν ζῴων ἔχειν αἴσθησιν ὀσμῆς. II, 9, ₅. 421 b 9—11. Speciell von den Fischen: hist. an. IV, 8. 533 b 4: ὅτι δὲ καὶ ἀκούουσι (ἰχθύες) καὶ ὀσφραίνονται, φανερόν. de sensu 5. 444 b 7: τὰ δὲ μὴ ἀναπνέοντα ὅτι μὲν ἔχει αἴσθησιν τοῦ ὀσφραντοῦ, φανερόν· καὶ γὰρ ἰχθύες καὶ τὸ τῶν ἐντόμων γένος πᾶν ἀκριβῶς καὶ πόρρωθεν αἰσθάνεται. de part. an. II, 10. 656 a 35: ἀκούουσι μὲν γὰρ καὶ ὀσφραίνονται (ἰχθύες). Frei-

der Beobachtung, dass sich Wasserthiere schon von Weitem auf ein zu ihrer Nahrung geeignetes Riechbares losstürzen [1]). Ist aber auch so das Medium des Geruchssinns dasselbe der Sache nach, wie das des Gesichtssinns, so dient es dem Geruchssinne doch nicht, insoweit es durchsichtig ist, sondern insoweit es die oben bezeichnete „geschmacksähnliche Trockenheit" ($ἔγχιμος\ ξηρότης$) gewissermassen fortspült [2]).

4) Geschmacks- und Tastsinn endlich haben zwar ebenfalls ein Medium der Wahrnehmung aufzuweisen [3]); aber da jene beiden Sinne nicht etwas in der Ferne Gelegenes [4]), sondern ein den Körper unmittelbar Berührendes erfassen [5]), so ist dasselbe nicht, wie bei den drei andern, ein ausserhalb des Körpers befindliches [6]). Zwar können wir auch im Wasser schmecken, allein in diesem Falle tritt das Wasser keineswegs als Medium auf, sondern mit einer schmeckbaren Substanz versetzt, macht es eben das Objekt des Geschmackssinnes aus [7]), das ja, wie wir sahen, immer ein Feuchtes sein muss [8]). Medium der Wahrnehmung ist nämlich beim Tast- (und Geschmacks-)sinn der Kör-

---

lich ist das Organ des Riechens bei den Fischen nicht sichtbar (de part. an. II, 10. 656 a 36. de sensu 5. 444 b 15). Der Mensch kann, wie später bewiesen werden wird, wegen der eigenthümlichen Beschaffenheit seines Geruchsorgans, die ihm nur beim Einathmen zu riechen gestattet, im Wasser nichts riechen (de an. II, 9, ₈. 422 a 3—6).

1) de an. II, 9, ₅. 421 b 9: $καὶ\ γὰρ\ τὰ\ ἔνυδρα\ δοκοῦσιν\ ὀσμῆς\ αἰσθάνεσθαι,\ ὁμοίως\ καὶ\ ἔναιμα\ καὶ\ ἄναιμα,\ ὥσπερ\ καὶ\ τὰ\ ἐν\ τῷ\ ἀέρι·\ καὶ\ γὰρ\ τούτων\ ἔνια\ πόρρωθεν\ ἀπαντᾷ\ πρὸς\ τὴν\ τροφὴν\ ὕποσμα\ γινόμενα.$

2) de sensu 5. 442 b 29: $κοινὸν\ δὲ\ κατὰ\ τούτων\ νῦν\ μὲν\ λέγομεν\ τὸ\ διαφανές,\ ἔστι\ δ'\ ὀσφραντὸν\ οὐχ\ ᾗ\ διαφανές,\ ἀλλ'\ ᾗ\ πλυντικὸν\ ἢ\ ῥυπτικὸν\ ἐγχύμου\ ξηρότητος.$

3) Vgl. S. 20, Anm. 1 und 7.

4) de an. II, 11, ₇. 423 b 6: $ἀλλὰ\ τὰ\ μὲν$ (das Seh-, Hör- und Riechbare) $πόρρωθεν,\ τὰ\ δ'$ (das Schmeck- und Tastbare) $ἔγγυθεν\ (αἰσθανόμεθα).$

5) de an. III, 13, ₁. 435 a 15: $πάντα\ δὲ\ τῷ\ δι'\ ἑτέρου\ αἰσθάνεσθαι\ ποιεῖ\ τὴν\ αἴσθησιν\ καὶ\ διὰ\ τῶν\ μεταξύ.\ ἡ\ δ'\ ἁφὴ$ (worin der Geschmack als $ἁφή\ τις$ mit eingeschlossen ist) $τῷ\ αὐτῶν\ ἅπτεσθαί\ ἐστιν,\ διὸ\ καὶ\ τοὔνομα\ τοῦτο\ ἔχει.$

6) de an. II, 10, ₁. 422 a 8: $τὸ\ δὲ\ γευστόν\ ἐστιν\ ἁπτόν\ τι·\ καὶ\ τοῦτ'\ αἴτιον\ τοῦ\ μὴ\ εἶναι\ αἰσθητὸν\ διὰ\ τοῦ\ μεταξὺ\ ἀλλοτρίου\ ὄντος\ σώματος·\ οὐδὲ\ γὰρ\ ἡ\ ἁφή.$

7) de an. II, 10, ₁. 422 a 11: $κἂν\ εἰ\ ἐν\ ὕδατι\ εἶμεν,\ αἰσθανοίμεθ'\ ἂν\ ἐμβληθέντος\ τοῦ\ γλυκέος·\ οὐκ\ ἦν\ δ'\ ἂν\ ἡ\ αἴσθησις\ ἡμῖν\ διὰ\ τοῦ\ μεταξύ,\ ἀλλὰ\ τῷ\ μιχθῆναι\ τῷ\ ὑγρῷ.$

8) Siehe S. 32, Anm. 8.

per selbst [1]), speciell für den Geschmackssinn die Zunge [2]). Denn wenn einerseits nach einem allgemeinen Principe kein Objekt, unmittelbar auf das Sinnesorgan gebracht, wahrgenommen werden kann, wenn aber anderseits durch die Erfahrung feststeht, dass ein Gegenstand, trotzdem, oder besser nur wenn er das Fleisch unmittelbar berührt, eine Tastempfindung zu erregen im Stande ist, so erhellt daraus mit Nothwendigkeit, dass das Fleisch eben nicht Organ, sondern vielmehr Medium des Tastsinns ist [3]). Freilich gewahren wir in demselben Augenblicke, wo ein Gegenstand uns berührt, die Empfindung davon; allein das ist durchaus kein Beweis dafür, dass das Fleisch selbst fühlt. Oder würde nicht ganz dasselbe eintreten, wenn wir eine Membran fest um den betreffenden Körpertheil herumspannten und nun den Gegenstand unmittelbar auf diese, und erst vermittels derselben auf unsern Körper einen Druck ausüben liessen? — zumal wenn wir uns einmal denken wollen, jene Membran sei an unserm Körper festgewachsen? Und doch ist sie selbst dann nichts weniger als das Organ des Tastens [4]). Gleichwol besteht ein gewisser Unterschied zwischen dem Medium des Tastsinns, dem Fleische, und den der Aussenwelt angehörenden Medien der übrigen Sinne; letztern kommt nämlich eine gewisse Selbstständigkeit zu, indem sie als nächste, wenn auch untergeordnete Ursachen auf uns einwirken, wohingegen wir beim Tastsinn nicht etwas durch das Medium, sondern zugleich mit dem Medium

---

1) de an. II, 11, 4. 423 a 15: ἀναγκαῖον καὶ τὸ σῶμα εἶναι τὸ μεταξὺ τοῦ ἁπτικοῦ προσπεφυκός, δι' οὗ γίνονται αἱ αἰσθήσεις πλείους οὖσαι.

2) de an. II, 11, 9. 423 b 17: ὅλως δ' ἔοικεν ἡ σὰρξ καὶ ἡ γλῶττα, ὡς ὁ ἀὴρ καὶ τὸ ὕδωρ πρὸς τὴν ὄψιν καὶ τὴν ἀκοὴν καὶ τὴν ὄσφρησιν ἔχουσιν, οὕτως ἔχειν πρὸς τὸ αἰσθητήριον ὥσπερ ἐκείνων ἕκαστον.

3) de an. II, 11, 9. 423b 24: ἐπιτιθεμένων γὰρ ἐπὶ τὸ αἰσθητήριον οὐκ αἰσθάνεται, ἐπὶ δὲ τὴν σάρκα ἐπιτιθεμένων αἰσθάνεται· ὥστε τὸ μεταξὺ τοῦ ἁπτικοῦ ἡ σάρξ.

4) de an. II, 11, 3. 422b 34: πότερον δ' ἐστὶ τὸ αἰσθητήριον ἐντός, ἢ οὔ, ἀλλ' εὐθέως ἡ σάρξ, οὐδὲν δοκεῖ σημεῖον εἶναι τὸ γίνεσθαι τὴν αἴσθησιν ἅμα θιγγανομένων. καὶ γὰρ νῦν εἴ τις περὶ τὴν σάρκα περιτείνειεν οἷον ὑμένα ποιήσας, ὁμοίως τὴν αἴσθησιν εὐθέως ἁψάμενος [ἁψαμένοις oder ἁψαμένῳ schlägt Trendelenburg, ἁψάμενον Torstrik vor] ἐνσημαίνει· καίτοι δῆλον ὡς οὐκ ἔστιν ἐν τούτῳ τὸ αἰσθητήριον· εἰ δὲ καὶ συμφυὲς γένοιτο, θᾶττον ἔτι διικνοῖτ' ἂν ἡ αἴσθησις. ebend. §. 7. 423b 8: καίτοι ... κἂν εἰ δι' ὑμένος αἰσθανοίμεθα τῶν ἁπτῶν ἁπάντων λανθάνοντες ὅτι διείργει, ὁμοίως ἂν ἔχοιμεν ὥσπερ καὶ νῦν ἐν τῷ ὕδατι καὶ ἐν τῷ ἀέρι· δοκοῦμεν γὰρ αὐτῶν ἅπτεσθαι καὶ οὐδὲν εἶναι διὰ μέσου.

erleiden — gerade wie ein Krieger, der einen Schlag auf den Schild erhält, nicht von diesem, sondern zugleich mit diesem geschlagen wird [1]).

3. Organe.

Es war die Meinung der alten Philosophen, dass jeder der fünf Sinne auf eins der vier Elemente zurückzuführen sei [2]). Freilich verursachte es ihnen dabei keine geringe Schwierigkeit, wo sie mit dem fünften bleiben sollten, da der Elemente doch nur vier sind [3]). Aristoteles verhält sich dieser Meinung gegenüber nicht gerade völlig ablehnend; den Satz, dass die Sinneswerkzeuge im Unterschiede von den Theilen des Körpers, welche, wie Hände, Füsse u. dgl. als Werkzeuge nicht bei immanenten Thätigkeiten (πράξεις), sondern bei solchen, die nach aussen gehen (ποιήσεις) [4]), dienen, — Theile, an deren Rückführung auf je eins der vier Elemente niemand denkt [5]), — aus gleichartigen einfachen Theilen bestehen müssen, erkennt auch er an. Denn nur so sei die Möglichkeit gegeben, dass jeder Sinn zwar ausschliesslich Objekte einer Gattung, diese aber ohne Ausnahme aufnehme [6]). Allein darin steckt nach ihm der Fehler, dass man die

---

1) de an. II, 11,₈. 423 b 12: ἀλλὰ διαφέρει τὸ ἁπτὸν τῶν ὁρατῶν καὶ τῶν ψοφητικῶν, ὅτι ἐκείνων μὲν αἰσθανόμεθα τῷ τὸ μεταξὺ ποιεῖν τι ἡμᾶς, τῶν δὲ ἁπτῶν οὐχ ὑπὸ τοῦ μεταξύ, ἀλλ᾽ ἅμα τῷ μεταξύ, ὥσπερ ὁ δι᾽ ἀσπίδος πληγείς· οὐ γὰρ ἡ ἀσπὶς πληγεῖσα ἐπάταξεν, ἀλλ᾽ ἅμ᾽ ἄμφω συνέβη πληγῆναι. Vgl. Kampe a. a. O. S. 73.

2) de part. an.II, 1. 647 a 12: τῶν δ᾽αἰσθητηρίων ἕκαστον πρὸς ἕκαστον ἐπιζευγνύουσι τῶν στοιχείων. de sensu 2. 437 a 19: τοῦ δὲ σώματος ἐν οἷς ἐγγίγνεσθαι πέφυκεν αἰσθητηρίοις, ἔνιοι μὲν ζητοῦσι κατὰ τὰ στοιχεῖα τῶν σωμάτων.

3) de sensu 2. 437a 20: ... οὐκ εὐποροῦντες δὲ πρὸς τέτταρα πέντ᾽ οὔσας συνάγειν, γλίχονται περὶ τῆς πέμπτης.

4) ποίησις ist nämlich diejenige Thätigkeit, welche ihr Ziel ausser sich hat, während das der πρᾶξις in ihr selber liegt. eth. Nic. VI, 5,₄. 1140 b 6: τῆς μὲν γὰρ ποιήσεως ἕτερον τὸ τέλος, τῆς δὲ πράξεως οὐκ ἂν εἴη.

5) de part. an. II, 1. 647 a 9: καὶ διὰ τοῦτο χεῖρα μὲν ἢ πρόσωπον ἢ τῶν τοιούτων τι μορίων οὐδεὶς ἐγχειρεῖ λέγειν τῶν φυσιολόγων τὸ μὲν εἶναι γῆν, τὸ δ᾽ ὕδωρ, τὸ δὲ πῦρ.

6) de part. an. II, 1,₆. 647 a 2: ὄντων δὲ τῶν μὲν ὀργανικῶν μερῶν τῶν δ᾽ αἰσθητηρίων ἐν τοῖς ζῴοις, τῶν μὲν ὀργανικῶν ἕκαστον ἀνομοιομερές ἐστιν, ὥσπερ εἶπον πρότερον, ἡ δ᾽ αἴσθησις ἐγγίγνεται [συνεγγίνεται Langkavel mit Trendelenburg de an. 160] πᾶσιν ἐν τοῖς ὁμοιομέρεσι, διὰ τὸ τῶν αἰσθήσεων ὁποιανοῦν ἑνός τινος εἶναι γένους, καὶ τὸ αἰσθητήριον ἑκάστου δεκτικὸν εἶναι τῶν αἰσθητῶν. a 14: οὔσης δὲ τῆς αἰσθήσεως ἐν τοῖς ἁπλοῖς μέρεσιν ... a 22: διὰ τοῦτο ἂν εἴη ἀναγκαῖον ἔχειν τοῖς ζῴοις ἔνια μόρια ὁμοιομερῆ· ἡ μὲν γὰρ αἴσθησις ἐν τούτοις, αἱ δὲ πράξεις [wofür man aller-

Sinnesorgane aus allen vier Elementen bestehen liess, da doch nur zwei, Luft und Wasser, hierzu geeignet seien¹). Das Feuer dahingegen gehört entweder keinem einzigen Sinne an, da kein einzelner Sinn aus Feuer besteht, oder allen, insofern es nämlich die zur Empfindung nothwendige Wärme hervorbringt²); und die Erde, aus der allein kein Sinnesorgan bestehen kann³), ist nur der grössern Festigkeit halber dem Organe, resp. Medium des Tastsinns beigemischt⁴). So kann Aristoteles in gewissem Sinne allerdings wol sagen, in den Sinnen seien Feuer, Erde und die andern Elemente⁵). Dass dagegen ein Sinnesorgan als solches aus Feuer oder Erde bestände, erscheint in der Aristotelischen Sinnenphysiologie als ganz unmöglich. Diejenigen, welche den objektiven Geruch z. B. eine durch Feuer entstehende rauchartige Ausdünstung nannten, die sich in der Weise eines körperlichen Ausflusses bis zum Sinnesorgan fortpflanzt, konnten zwar nach dem Satze, dass das Organ in der Möglichkeit schon das sein muss, was das Objekt in Wirklichkeit ist⁶), und dass Objekt und Organ daher nothwendiger Weise derselben Art angehören⁷), auch den Geruchssinn auf Feuer zurückführen⁸). Nach der Lehre des Aristoteles dagegen, wie

---

dings ποιήσεις erwarten sollte] διὰ τῶν ἀνομοιομερῶν ὑπάρχουσιν αὐτοῖς. de an. II, 12. 424 b 1. Vgl. Trendelenburg, de an. S. 160 f.

1) de an. III, 1, ₃. 425 a 3: τῶν δὲ ἁπλῶν ἐκ δύο τούτων αἰσθητήρια μόνον ἐστίν, ἐξ ἀέρος καὶ ὕδατος. a 7: διὸ λείποιτ᾿ ἂν μηθὲν εἶναι αἰσθητήριον ἔξω ὕδατος καὶ ἀέρος. vgl. §. 1. 424b 30.

2) de an. III, 1, ₃. 425a 5: τὸ δὲ πῦρ ἢ οὐθενὸς ἢ κοινὸν πάντων· οὐθὲν γὰρ ἄνευ θερμότητος αἰσθητικόν [vgl. de sensu 5. 443b 14: καὶ διὰ τοῦτο τὸ ψυχρὸν καὶ ἡ πῆξις καὶ τοὺς χυμοὺς ἀμβλύνει καὶ τὰς ὀσμὰς ἀφανίζει· τὸ γὰρ θερμὸν τὸ κινοῦν καὶ δημιουργοῦν ἀφανίζουσιν ἡ ψύξις καὶ ἡ πῆξις].

3) de an. III, 1, ₃. 425a 6: γῇ δὲ ἢ οὐθενός, ἢ ἐν τῇ ἁφῇ μάλιστα μέμικται ἰδίως. 13, ₁. 435 a 14: τὰ δὲ ἄλλα ἔξω γῆς αἰσθητήρια μὲν ἂν γένοιτο. vgl. S. 55, Anm. 1.

4) S. 57, Anm. 1.

5) de an. II, 5, ₂. 417a 2: ἔχει δ᾿ ἀπορίαν, διὰ τί καὶ τῶν αἰσθήσεων αὐτῶν οὐ γίνεται αἴσθησις, καὶ διὰ τί ἄνευ τῶν ἔξω οὐ ποιοῦσιν αἴσθησιν, ἐνόντος πυρὸς καὶ γῆς καὶ τῶν ἄλλων στοιχείων, ὧν ἐστὶν ἡ αἴσθησις καθ᾿ αὑτὰ ἢ τὰ συμβεβηκότα τούτοις.

6) de sensu 2. 438b 22: τὸ γὰρ αἰσθητὸν ἐνεργεῖν ποιεῖ τὴν αἴσθησιν, ὥσθ᾿ ὑπάρχειν ἀνάγκη αὐτὴν δυνάμει πρότερον.

7) de part. an. II, 1. 647a 8: πάσχει δὲ τὸ δυνάμει ὄν (was sich nach a 6 auf das αἰσθητήριον bezieht) ὑπὸ τοῦ ἐνεργείᾳ ὄντος, ὥστε ἔστι τὸ αὐτὸ τῷ γένει καὶ ἐκεῖνο ἓν καὶ τοῦτο ἕν.

8) de sensu 2. 438 b 20: πυρὸς δὲ τὴν ὄσφρησιν. ὃ γὰρ ἐνεργείᾳ ἡ ὄσφρησις, τοῦτο δυνάμει τὸ ὀσφραντόν.

wir sahen, gibt es solche Ausflüsse nicht, sondern die Objekte der Wahrnehmung sind in der Weise thätig, dass sie zunächst auf ein Medium wirken, welches dann die Bewegung auf das Organ überträgt, und zwar scharf und genau nur dann, wenn der Stoff, aus dem das Organ besteht, der Bewegung ausserhalb angemessen ist [1]). Erst in jenem Medium tritt die wahrgenommene Affektion, die in dem Gegenstande an sich nur potentiell angelegt ist, aktuell auf [2]). Deshalb dürfen nach seiner Physiologie die Organe nicht zu den Objekten als solchen in Beziehung gebracht werden, sondern ihre Beschaffenheit muss den zu ihnen gehörigen Medien entsprechen. Diese Beziehung zwischen Organ und Medium spricht Aristoteles mit klaren Worten aus, wenn er lehrt, dass „falls vermittels eines einzigen [dieser einfachen Stoffe, welche als Medien dienen] mehrere der Gattung nach verschiedene [Qualitäten] wahrnehmbar sind, nothwendiger Weise derjenige, welcher ein aus einem solchen Stoffe bestehendes Organ hat, mit der Empfindung für beide [Qualitäten] begabt ist, wie z. B., wenn das Organ aus Luft besteht, die Luft dann auch auf Ton und Farbe geht, dass dagegen, falls mehrere [dieser Stoffe] für dieselbe [Qualität] Geltung haben, wie für die Farbe sowol Luft als Wasser — beide sind nämlich durchsichtig —, dass dann auch schon derjenige, welcher nur einen von ihnen hat, die für beide erfassbare Qualität wahrnehmen wird" [3]).

---

1) So vom Gesichtssinne de gener. an. V, 1. 780b 22: ὥστ' εἴ τι τῶν ζώων ἔχει μὲν προβολὴν τοῦ ὄμματος πολλήν, τὸ δ'ἐν τῇ κόρῃ ὑγρὸν μὴ καθαρὸν μηδὲ σύμμετρον τῇ κινήσει τῇ θύραθεν, μηδὲ τὸ ἐπιπολῆς δέρμα λεπτόν, τοῦτο περὶ μὲν τὰς διαφορὰς οὐκ ἀκριβώσει τῶν χρωμάτων, πόρρωθεν δ' ἔσται ὁρατικόν.

2) So vom Tone de an. II, 8, 1. 419b 8: τοῦτο (ψοφῆσαι) δ'ἐστὶν αὐτοῦ μεταξὺ καὶ τῆς ἀκοῆς ἐμποιῆσαι ψόφον ἐνεργείᾳ, vorglichen mit §. 8. 420a 20: αἱ δὲ διαφοραὶ τῶν ψοφούντων ἐν τῷ κατ' ἐνέργειαν ψόφῳ δηλοῦνται.

3) de an. III, 1, 2. 424 b 31: ... εἰ μὲν δι' ἑνὸς πλείω αἰσθητὰ ἕτερα ὄντα ἀλλήλων τῷ γένει, ἀνάγκη τὸν ἔχοντα τὸ τοιοῦτον αἰσθητήριον ἀμφοῖν αἰσθητικὸν εἶναι· οἷον εἰ ἐξ ἀέρος ἐστὶ τὸ αἰσθητήριον, καὶ ἔστιν ὁ ἀὴρ καὶ ψόφου καὶ χρόας· εἰ δὲ πλείω τοῦ αὐτοῦ, οἷον χρόας καὶ ἀὴρ καὶ ὕδωρ, (ἄμφω γὰρ διαφανῆ,) καὶ ὁ τὸν ἕτερον αὐτῶν ἔχων μόνον αἰσθήσεται τοῦ δι' ἀμφοῖν [wobei nicht an unser Auge und Ohr (Trendelenburg, de an. p. 422. Torstrik, de an. p. 161), sondern an einen möglichen Luft- oder einen möglichen Wassersinn zu denken ist, von denen jeder für sich allein ausreichen würde, wenn nicht andere Gründe es nöthig machten, dass der Sinne mehrere seien. Vgl. Kampe, Erkenntnisstheorie u. s. w. S. 76, Anm. 2].

Nun sagt Aristoteles allerdings an einer Stelle seiner Schrift über die Sinne, dass der Gesichtssinn aus Wasser, das Gehör aus Luft, der Geruchssinn aus Feuer, der Tastsinn und der diesem verwandte Geschmack aus Erde bestehe ¹); allein dem ganzen Zusammenhange der Stelle nach will er hier nicht seine eigene Ansicht auseinandersetzen, — das war schon in den Büchern von der Seele geschehen ²) — sondern er will vielmehr im Unterschiede von den ganz verkehrten Versuchen Früherer, die stets den Gesichtssinn, und nicht den Geruch, auf Feuer zurückgeführt hatten, zeigen, wie man, vorausgesetzt, es bestehe nun einmal jeder Sinn aus einem der Elemente, dann doch wenigstens die Anordnung treffen müsse. So besteht also kein Gegensatz ³) zwischen jenen beiden Schriften, sondern vielmehr eine wechselseitige Ergänzung ⁴), und Luft und Wasser sind und bleiben die

---

1) de sensu 2. 438 b 16: ὥστ' εἴπερ τούτων τι συμβαίνει, καθάπερ λέγομεν, φανερὸν ὡς, εἰ δεῖ [Bekker: ὡς δεῖ] τοῦτον τὸν τρόπον ἀποδιδόναι καὶ προσάπτειν ἕκαστον τῶν αἰσθητηρίων ἑνὶ τῶν στοιχείων, τοῦ μὲν ὄμματος τὸ ὁρατικὸν ὕδατος ὑποληπτέον, ἀέρος δὲ τὸ τῶν ψόφων αἰσθητικόν, πυρὸς δὲ τὴν ὄσφρησιν. ὃ γὰρ ἐνεργείᾳ ἡ ὄσφρησις, τοῦτο δυνάμει τὸ ὀσφραντικόν· τὸ γὰρ αἰσθητὸν ἐνεργεῖν ποιεῖ τὴν αἴσθησιν, ὥσθ' ὑπάρχειν ἀνάγκη αὐτὴν δυνάμει πρότερον. ἡ δ' ὀσμὴ καπνώδης τίς ἐστιν ἀναθυμίασις, ἡ δ' ἀναθυμίασις ἡ καπνώδης ἐκ πυρός.... τὸ δ' ἁπτικὸν γῆς. τὸ δὲ γευστικὸν εἶδός τι ἁφῆς ἐστίν.
2) Denn wenn es auch nicht unmöglich ist, was Torstrik (de an. pag. 167) bemerkt: Quod vero attinet ad Parva Naturalia, videntur mihi ea magna ex parte scripta esse multis annis ante libros qui sunt de Animâ: de Anima libros dico, quos nunc habemus, so beweisen doch die zahlreichen Berufungen in der Schrift über die Wahrnehmung (1: 436 a 1. 5. b 10. 14. 437 a 18. Kap. 2: 438 b 13. Kap. 3: 439 a 16. 18. 440 b 28. Kap. 7: 449 a 9—10) auf die Bücher von der Seele, dass wenigstens die erste Abfassung letzterer vor die Entstehungszeit der Schrift περὶ αἰσθήσεως καὶ αἰσθητοῦ fällt.
3) Kampe, Erkenntnisstheorie u. s. w., S. 75: „Bei der Beschreibung der übrigen Sinnesorgane stimmen die frühern und die spätern Schriften nicht zusammen."
4) Aristoteles kann an der fraglichen Stelle de sensu 2. 438 b 16 ff. nicht seine eigene Meinung auseinandersetzen; denn:
1. gilt hier als Objekt des Geruchssinnes die rauchartige Ausdünstung; und doch ist dieses (vgl. S. 31—32) nach c. 5 nicht die Ansicht des Aristoteles, sondern die der Frühern.
2. handelt überhaupt das ganze zweite Kapitel nicht von dem, was nach Aristoteles' eigener Ansicht der Fall ist, sondern von dem, was die frühern Philosophen vorbrachten. Der Gedankengang ist nämlich kurz der: „Einige suchen die fünf Sinne auf die vier Elemente zurückzuführen. Alle diese kommen darin überein, dass sie den Gesichtssinn für Feuer erklären. Das ist aber falsch, da

bevorzugten Stoffe, welche einzig und allein, wie als Medien, so als Grundmaterie der Organe auftreten. Je grösser dann die Reinheit dieser Grundstoffe ist, desto grösser ist auch die Schärfe, welche der Wahrnehmung zukommt ¹).

1) Was nun die Sinnesorgane im einzelnen betrifft, so besteht das Auge ²), resp. die Pupille (κόρη) ³), das Sehkräftige des Auges ⁴), aus Wasser ⁵). Denn da nach Aristoteles das eigentliche seelische Organ

---

das Auge durchsichtig sein und deshalb aus Wasser bestehen muss, so dass, wenn sich dieses so verhält (ὥστ' εἴπερ τούτων τι συμβαίνει), die Anordnung in folgender Weise zu treffen ist." Die nun folgende Auseinandersetzung muss nothwendiger Weise die für den Standpunkt jenes Princips erforderliche Korrektur enthalten, braucht aber wenigstens durchaus nicht die eigene Ansicht des Aristoteles darzulegen. Diese hatte er vielmehr schon klar und deutlich in den Büchern von der Seele ausgesprochen, auf die er sich in unserer Schrift so oft beruft (S. 47, Anm 2), und zu der letztere nur eine Ergänzung bildet.

3. Endlich ist die Stelle kritisch unsicher. Bekker liest allerdings (b 17): φανερὸν ὡς δεῖ τοῦτον τὸν τρόπον ἀποδιδόναι κτλ.; allein in vier Handschriften (LPSU) steht zwischen ὡς und δεῖ ein εἰ, das in nur dreien (MY und allerdings auch E) fehlt, und ebenso kennt dieses εἰ die (hier P sehr nahe stehende, vielleicht aus einer ihr ähnlichen Quelle geflossene) alte Uebersetzung des Wilhelm von Moerbecke (die ich leider in Ermangelung besserer Hülfsmittel nur aus einem Drucke des 16. Jahrh. citiren kann: Divi Thomae Aquinatis opera omnia. Venedig 1593. tom. III. de sensu et sensato. fol. 5ᵇ II, wo sie neben der Uebersetzung des Nicolaus Leonicenus angegeben ist): Igitur si quidem in his accidit, sicut diximus, manifestum, quod si oportet secundum hunc modum attribuere et assignare unumquodque sensitivum uni elementorum, oculi quidem visivum aquae existimandum, aeris vero sonorum sensitivum, ignis autem odoratum. Lesen wir aber ὡς εἰ δεῖ, so dass zu dem ὡς nicht δεῖ, sondern ὑποληπτέον gehört, so liegt es auf der Hand, dass es sich an unserer Stelle um die eigene Meinung des Aristoteles gar nicht handelt.

1) de gener. an. V, 2. 781 b 1: ἡ μὲν οὖν περὶ τὰς διαφορὰς ἀκρίβεια τῆς κρίσεως καὶ τῶν ψόφων καὶ τῶν ὀσμῶν ἐν τῷ τὸ αἰσθητήριον καθαρὸν εἶναι καὶ τὸν ὑμένα τὸν ἐπιπολῆς ἐστιν. b 17: τὴν μὲν οὖν πόρρωθεν ἀκρίβειαν τῶν αἰσθήσεων ἥκιστα ὡς εἰπεῖν ἄνθρωπος ἔχει ὡς κατὰ μέγεθος τῶν ζῴων, τὴν δὲ περὶ τὰς διαφορὰς μάλιστα πάντων εὐαίσθητον. αἴτιον δ' ὅτι τὸ αἰσθητήριον καθαρὸν καὶ ἥκιστα γεῶδες καὶ σωματῶδες, καὶ φύσει λεπτοδερμότατόν ... ἐστιν. Vgl. ebend. 1. 780 b 24—26 (S. 46, Anm. 1.).

2) Vgl. über dessen anatomischen Bau nach Aristoteles Philippson, Ὕλη ἀνθρωπίνη, Berl. 1831. S. 230 f.

3) de part. an. II, 8. 653 b 25: ὥσπερ ἡ κόρη τῆς ὄψεως (αἰσθητήριον τὸ πρῶτον).

4) hist. an. I, 8. 491 b 20: τὸ δ' ἐντὸς τοῦ ὀφθαλμοῦ, τὸ μὲν ὑγρόν, ᾧ βλέπει, κόρη, τὸ δὲ περὶ τοῦτο μέλαν, τὸ δ' ἐκτὸς τούτου λευκόν.

5) de sensu 2. 438 a 16: ἡ κόρη καὶ τὸ ὄμμα ὕδατός ἐστιν. Dass diese

des Auges nicht an der Aussenseite desselben, sondern mehr nach innen hin liegt [1]), so muss das Auge, damit der Lichtstrahl zu jenem

---

Worte in der S. 47, Anm. 4 behandelten Stelle im vorliegenden Falle auch der wahren Ansicht des Aristoteles entsprechen, beweist de an. III, 1, ₃. 425 a 4: ἡ ... κόρη ὕδατος; ferner de part. an. II, 10. 656 b 1—2. de gener. an. V, 1. 779 b 19—20. 780 b 23. hist. an. I, 8. 491 b 21. Während fast alle andern Philosophen lehrten, das Auge bestehe aus Feuer, weil sie sich anders den Umstand nicht zu erklären wussten, dass wir im Dunkel, wenn das Auge gedrückt oder schnell bewegt wird, ein Leuchten sehen [de sensu 2. 437 a 22: ποιοῦσι δὲ πάντες τὴν ὄψιν πυρὸς διὰ τὸ πάθους τινὸς ἀγνοεῖν τὴν αἰτίαν· θλιβομένου γὰρ καὶ κινουμένου τοῦ ὀφθαλμοῦ φαίνεται πῦρ ἐκλάμπειν (wozu vgl. Theophrast. de sensu 26., wonach Alkmäon der Krotoniate die Behauptung aufstellte: ὅτι δ' ἔχει πῦρ — nämlich ὁ ὀφθαλμός — δῆλον εἶναι· πληγέντος γὰρ ἐκλάμπειν, wenn auch andererseits jener pythagoreisirende Arzt mit seiner Lehre (l. cit.): ὀφθαλμοὺς δὲ ὁρᾶν διὰ τοῦ πέριξ ὕδατος, und: ὁρᾶν δὲ τῷ στίλβοντι καὶ τῷ διαφανεῖ [jambischer Trimeter], ὅταν ἀντιφαίνῃ, hier wie auch sonst der Vorläufer des Aristoteles war), hat Demokrit, trotz eines anderweitigen Irrthums, die Wassernatur des Auges richtig erkannt [de sensu 2. 438 a 5: Δημόκριτος δ' ὅτι μὲν ὕδωρ εἶναί φησι, λέγει καλῶς, ὅτι δ' οἴεται τὸ ὁρᾶν εἶναι τὴν ἔμφασιν, οὐ καλῶς, vgl. a 13.]. —

Die helle Farbe des Auges rührt nicht von der Menge des darin enthaltenen Feuers, die dunkle nicht von dem Zurücktreten desselben her, wie Empedokles wollte [de gener. an. V, 1. 779 b 15: τὸ μὲν οὖν ὑπολαμβάνειν τὰ μὲν γλαυκὰ πυρώδη, καθάπερ Ἐμπεδοκλῆς φησί, τὰ δὲ μέλανα πλεῖον ὕδατος ἔχειν ἢ πυρός ... οὐ λέγεται καλῶς.], sondern jene Farben beruhen auf der grössern oder geringern Masse des Wassers in der Pupille [a. a. O. b 28: τὰ μὲν οὖν ἔχοντα τῶν ὀμμάτων πολὺ τὸ ὑγρὸν μελανόμματά ἐστι διὰ τὸ μὴ εὐδίοπτ' εἶναι τὰ πολλά, γλαυκὰ δὲ τὰ ὀλίγον.], und dasjenige Auge ist das beste, welches die rechte Mitte hält zwischen zu wenig und zu viel Feuchtigkeit [a. a. O. 780 a 22: ἡ δὲ μέση τοῦ πολλοῦ καὶ τοῦ ὀλίγου ὑγροῦ βελτίστη ὄψις· οὔτε γὰρ ὡς ὀλίγη οὖσα διὰ τὸ ταράττεσθαι ἐμποδίζει τὴν τῶν χρωμάτων κίνησιν, οὔτε διὰ πλῆθος παρέχει δυσκινησίαν.].

1) de sensu 2. 438 b 5: καὶ εὐλόγως τὸ ἐντός ἐστιν ὕδατος· διαφανὲς γὰρ τὸ ὕδωρ. ὁρᾶται δὲ ὥσπερ καὶ ἔξω οὐκ ἄνευ φωτός, οὕτω καὶ ἐντός· διαφανὲς ἄρα δεῖ εἶναι. καὶ γὰρ ἀνάγκη ὕδωρ εἶναι, ἐπειδὴ οὐκ ἀήρ. οὐ γὰρ ἐπὶ τοῦ ἐσχάτου ὄμματος ἡ ψυχὴ ἢ τῆς ψυχῆς τὸ αἰσθητήριόν ἐστιν, ἀλλὰ δῆλον ὅτι ἐντός· διόπερ ἀνάγκη διαφανὲς εἶναι καὶ δεκτικὸν φωτὸς τὸ ἐντὸς τοῦ ὄμματος. Als Beweis dafür wird der Fall angeführt, dass Krieger, die einen Schlag an die Schläfe erhalten, wodurch die Poren des Auges verletzt wurden, nicht mehr sehen konnten, sondern dass, wie beim Auslöschen von Kerzen, durch die Trennung vom Auge, das sonst wegen seiner Durchsichtigkeit wie eine Leuchte die Strahlen in das Innere fallen liess, Finsterniss entstand [a. a. O. b 12: ἤδη γάρ τισι πληγεῖσιν ἐν πολέμῳ παρὰ τὸν κρόταφον οὕτως ὥστ' ἐκτμηθῆναι τοὺς πόρους τοῦ ὄμματος, ἔδοξε γενέσθαι σκότος ὥσπερ λύχνου ἀποσβεσθέντος, διὰ τὸ οἷον λαμπτῆρά τινα ἀποτμηθῆναι τὸ διαφανές, τὴν καλουμένην κόρην. Dass

gelangen könne, durchsichtig sein. Nun ist zwar auch die Luft [1]) durchsichtig; aber das Wasser lässt sich doch besser einschliessen und zusammenhalten und ist aus diesem Grunde geeigneter, den Stoff des Auges auszumachen [2]). Ist es so eine Forderung der Theorie, dass das Sehkräftige des Auges aus Wasser bestehe, so liegt auch eine empirische Bestätigung dafür in dem Umstande, dass bei einer Zerstörung des Auges Wasser aus demselben herausdringt [3]), und damit das Sehen unmöglich wird [4]).

Auch über die Herkunft jenes Augenwassers gibt Aristoteles nähere Bestimmungen. Dasselbe rührt nämlich vom Gehirn her [5]), aus dem

---

nicht die nächsten Sinneswerkzeuge, z. B. das Auge, empfinden, sondern das einheitliche empfindende Subjekt (Brentano a. a. O. S. 89. Anm.), scheint mir aus dieser Stelle noch nicht unbedingt zu folgen, vielmehr nur, dass das nächste Sinneswerkzeug eben nicht an der Aussenseite des Auges zu suchen sei. Vgl. hist. an. I, 8. 491 b 20: τὸ δ' ἐντὸς τοῦ ὀφθαλμοῦ, τὸ μὲν ὑγρόν, ᾧ βλέπει, κόρη κτλ. obend. IV, 8. 533 a 8:... καὶ τὸ ἐντὸς τοῦ μέλανος, τὴν καλουμένην κόρην. Die κόρη ist nämlich, wie schon S. 26 bemerkt wurde, nicht die Pupille in unserem Sinne, sondern der im Innern des Auges gelegene Lichtbrechapparat]. Selbstverständlich muss auch die Haut durchsichtig sein, welche die κόρη nach aussen hin umgibt [de gener. an. V, 1. 780 a 25: οὐ μόνον δὲ τὰ εἰρημένα αἴτια τοῦ ἀμβλὺ ἢ ὀξὺ ὁρᾶν, ἀλλὰ καὶ ἡ τοῦ δέρματος φύσις τοῦ ἐπὶ τῇ κόρῃ καλουμένῃ· δεῖ γὰρ αὐτὸ διαφανὲς εἶναι.

1) aus der Diogenes von Apollonia den Gesichtssinn, wie alle andern Sinne und selbst die Vernunft bestehen lässt: Theophrast. de sensu 39: Διογένης δ' ὥσπερ τὸ ζῆν καὶ τὸ φρονεῖν τῷ ἀέρι καὶ τὰς αἰσθήσεις ἀνάπτει. 40: τὴν δ' ὄψιν ὁρᾶν ἐμφαινομένην εἰς τὴν κόρην· ταύτην δὲ μιγνυμένην τῷ ἐντὸς ἀέρι ποιεῖν αἴσθησιν.

2) de part. an. II, 10. 656 b 1: ἡ δ'(ὄψις) ὕδωρ τὴν φύσιν ἐστίν· τοῦτο γὰρ τῶν διαφανῶν εὐφυλακτότατόν ἐστιν. de sensu 2. 438 a 14: ὃ (διαφανὲς) καὶ ἐπὶ τοῦ ἀέρος κοινόν ἐστιν. ἀλλ' εὐφυλακτότερον καὶ εὐπιλητότερον τὸ ὕδωρ τοῦ ἀέρος· διόπερ ἡ κόρη καὶ τὸ ὄμμα ὕδατός ἐστιν.

3) de sensu 2. 438 a 16: διόπερ ἡ κόρη καὶ τὸ ὄμμα ὕδατός ἐστιν. τοῦτο δὲ καὶ ἐπ' αὐτῶν τῶν ἔργων (also empirisch) δῆλον· φαίνεται γὰρ ὕδωρ τὸ ἐκρέον διαφθειρομένων.

4) de an. II, 8, ς. 420 a 14—15. (S. 52, Anm. 3.)

5) de gener. an. II, 6. 743 b 35: αἴτιον δ' ὅτι τὸ τῶν ὀφθαλμῶν αἰσθητήριον ἐστὶ μέν, ὥσπερ καὶ τὰ ἄλλα αἰσθητήρια, ἐπὶ πόρων. hist. an. I, 11. 492 a 21: περαίνουσι δὲ καὶ οἱ ὀφθαλμοὶ εἰς τὸν ἐγκέφαλον, καὶ κεῖται ἐπὶ φλεβίου ἑκάτερος. 16. 495 a 11: φέρουσι δ' ἐκ τοῦ ὀφθαλμοῦ τρεῖς πόροι εἰς τὸν ἐγκέφαλον, ὁ μὲν μέγιστος καὶ ὁ μέσος εἰς τὴν παρεγκεφαλίδα, ὁ δ' ἐλάχιστος εἰς αὐτὸν τὸν ἐγκέφαλον. [Vielleicht hat, wie die folgende Beschreibung wahrscheinlich zu machen scheint, dem Aristoteles beim ersten πόρος der ramus ophthalmicus des trigeminus, beim zweiten der opticus, beim dritten der

sich die reinste Flüssigkeit ausscheidet und durch Gänge zu den Augen hin ergiesst [1]). Darum hat das Organ des Gesichtssinns, nass und kalt wie das Gehirn [2]), auch passend seine Stelle in der Nähe dieses [3]) und theilt mit demselben die Eigenschaft, dass es, anfangs wegen der Ueberfülle von Feuchtigkeit, die ihm aus dem selbst im Beginne der Entwicklung überfeuchten Gehirn zuströmt, sehr gross, später, nach Resorption des überflüssigen Wassers aus beiden Theilen, mehr zusammenschrumpft und an Konsistenz gewinnt [3]).

Wie aber Luft und Wasser nur vermöge ihrer Durchsichtigkeit als Medien gelten konnten, so ist dasselbe vom Wasser des Auges zu sagen; auch dieses verleiht dem Auge die Fähigkeit zum Sehen nicht vermöge seiner physischen Natur als ein Feuchtes, sondern nur, in soweit es durchsichtig ist [4]).

---

oculomotorius oder ein Ast desselben vorgelegen, während er den abducens gänzlich übersehen zu haben scheint. Gleichwol erkannte er jene Gebilde, wie keinem Zweifel unterliegt, nicht als Nerven; vgl. Philippson, "Ὕλη u. s. w. S. 11.] Dagegen de part. an. II, 10. 656 b 16: *ἐκ μὲν οὖν τῶν ὀφθαλμῶν οἱ πόροι φέρουσιν εἰς τὰς περὶ τὸν ἐγκέφαλον φλέβας*, worüber vgl. S. 90.

1) de gener. an. II. 6. 744 a 5: *ὁ δ᾽ ὀφθαλμὸς σῶμα μόνον ἴδιον ἔχει τῶν αἰσθητηρίων. ἔστι δ᾽ ὑγρὸν καὶ ψυχρόν, καὶ οὐ προϋπάρχον ἐν τῷ τόπῳ, καθάπερ [καὶ] τὰ ἄλλα μόρια δυνάμει, ἔπειτα ἐνεργείᾳ γινόμενα ὕστερον· ἀλλ᾽ ἀπὸ τῆς περὶ τὸν ἐγκέφαλον ὑγρότητος ἀποκρίνεται τὸ καθαρώτατον διὰ τῶν πόρων, οἳ φαίνονται φέροντες ἀπ᾽ αὐτῶν πρὸς τὴν μήνιγγα τὴν περὶ τὸν ἐγκέφαλον.*

2) de gener. an. II. 6. 744 a 11: *οὔτε γὰρ ἄλλο μόριον ὑγρὸν καὶ ψυχρόν ἐστιν ἐν τῇ κεφαλῇ παρὰ τὸν ἐγκέφαλον, τό τ᾽ ὄμμα ψυχρὸν καὶ ὑγρόν.* vgl. a 6. Doch friert das Nasse des Auges, durch die darüber liegende fette weisse Haut geschützt, niemals fest: de sensu 2. 438 a 20: *καὶ τὸ λευκὸν τοῦ ὄμματος ἐν τοῖς ἔχουσιν αἷμα πῖον καὶ λιπαρόν· ὕπερ διὰ τοῦτ᾽ ἐστί, πρὸς τὸ διαμένειν τὸ ὑγρὸν ἄπηκτον. καὶ διὰ τοῦτο τοῦ σώματος ἀρριγότατον ὁ ὀφθαλμός ἐστιν· οὐδεὶς γάρ πω τὸ ἐντὸς τῶν βλεφάρων ἐρρίγωσεν.*

3) de gener. an. II. 6. 744 a 13: *ἐξ ἀνάγκης οὖν ὁ τόπος λαμβάνει μέγεθος τὸ πρῶτον, συμπίπτει δ᾽ ὕστερον. καὶ γὰρ περὶ τὸν ἐγκέφαλον συμβαίνει τὸν αὐτὸν τρόπον· τὸ πρῶτον ὑγρὸς καὶ πολύς, ἀποπνέοντος δὲ καὶ πεττομένου σωματοῦταί τε μᾶλλον καὶ συμπίπτει καὶ ὁ ἐγκέφαλος καὶ τὸ μέγεθος τὸ τῶν ὀμμάτων.* Wegen dieser grossen Feuchtigkeit sind die Augen zuerst ganz glänzend [de sensu 2. 438 a 18: *καὶ ἔν γε τοῖς πάμπαν ἐμβρύοις τῇ ψυχρότητι ὑπερβάλλον καὶ τῇ λαμπρότητι*]. — Auf dem Schwinden des Nassen im Gehirn beruht, wie das Grauwerden im Alter, so auch eine gewisse Augenkrankheit [de gener. an. V, 1. 780 b 6: *ἡ . . γὰρ πολιότης ἀσθένειά τίς ἐστι τοῦ ὑγροῦ τοῦ ἐν τῷ ἐγκεφάλῳ καὶ ἀπεψία καὶ ἡ γλαυκότης*].

4) de sensu 2. 438 a 12: *τὸ μὲν οὖν τὴν ὄψιν εἶναι ὕδατος ἀληθὲς μέν,*

2) Das **Gehör** besteht aus **Luft** [1]). Auch der gewöhnliche Ausdruck, das Leere höre [2]), besagt nichts Anderes; denn das sogenannte Leere ist mit Luft gefüllt [3]). Diese Luft ist im Gehör festgewachsen [4]) und unbeweglich festgebaut [5]), damit sie, selbst unbeweglich, alle Differenzen der sich auf sie fortpflanzenden [6]) Bewegung des Mediums beurtheilen könne [5]). Wie das wasserartige Auge mit dem wässrigen Gehirn, so hängt das luftgefüllte Ohr durch Kanäle mit dem nach Aristoteles hohlen, d. h. gleichfalls nur mit Luft gefüllten [7]) Raume

---

οὐ μέντοι συμβαίνει τὸ ὁρᾶν ᾧ ὕδωρ ἀλλ' ᾧ διαφανές. de gener. an. V, 1. 780 a 3: ἔστι δ' ἡ τούτου τοῦ μορίου κίνησις ὅρασις ᾧ διαφανές, ἀλλ' οὐχ' ᾧ ὑγρόν.
1) de part. an. II, 10. 656 b 16: τὸ δὲ τῆς ἀκοῆς αἰσθητήριον ἀέρος εἶναί φαμεν. de an. III, 1, 3. 425 a 4: ἢ δ' ἀκοὴ ἀέρος.
2) de an. II, 8, 5. 419 b 33: τὸ δὲ κενὸν ὀρθῶς λέγεται κύριον τοῦ ἀκούειν. vgl. §. 6. 420 a 18.
3) de an. II, 8, 5. 419 b 34: δοκεῖ γὰρ εἶναι κενὸν ὁ ἀήρ. §. 6. 420 a 18: καὶ διὰ τοῦτό φασιν ἀκούειν τῷ κενῷ καὶ ἠχοῦντι, ὅτι ἀκούομεν τῷ ἔχοντι ὡρισμένον τὸν ἀέρα [vgl. Torstrik. de an. pag. 147]. de part. an. II, 10. 656 b 15: τὸ γὰρ κενὸν καλούμενον [worunter übrigens wol nicht die Höhlung des Gehörorgans allein zu verstehen ist, sondern der ganze, nach Aristoteles hohle (unten Anm. 7) Hinterkopf] ἀέρος πλῆρές ἐστι. Wenn das Trommelfell zerreisst, kann man nach ihm nicht mehr hören [de an. II, 8, 6. 420 a 14: οὐδ' ἂν ἡ μῆνιγξ κάμῃ (ἀκούει)].
4) de an. II, 8, 6. 420 a 4: ἀκοῇ δὲ συμφυὴς ἀήρ. vgl. de gener. an. II, 6. 744 a 3.
5) de an. II, 8, 6. 420 a 4: διὰ δὲ τὸ ἐν ἀέρι εἶναι κινούμενον τοῦ ἔξω ὁ εἴσω κινεῖται. vgl. ebend. a 12—14.
6) de an. II, 8, 6. 420 a 9: ὁ (ἀὴρ) δ' ἐν τοῖς ὠσὶν ἐγκατῳκοδόμηται πρὸς τὸ ἀκίνητος εἶναι, ὅπως ἀκριβῶς αἰσθάνηται πάσας τὰς διαφορὰς τῆς κινήσεως. Eine gewisse Bewegung kommt dieser Luft allerdings zu; es ist das die Ursache der subjektiven Gehörerscheinungen, die wir wahrnehmen, wenn wir ein Horn oder dgl. vor das Ohr halten [ebend. a 15: ἀλλὰ καὶ σημεῖον τοῦ ἀκούειν ἢ μὴ τὸ ἠχεῖν ἀεὶ τὸ οὖς ὥσπερ τὸ κέρας· ἀεὶ γὰρ οἰκείαν τινὰ κίνησιν ὁ ἀὴρ κινεῖται ὁ ἐν τοῖς ὠσίν· ἀλλ' ὁ ψόφος ἀλλότριος καὶ οὐκ ἴδιος.].
7) hist. an. I, 7. 491 a 31: τούτου (des behaarten Kopfes oder des Schädels) δὲ μέρη, τὸ μὲν πρόσθιον βρέγμα... τὸ δ' ὀπίσθιον ἰνίον [trotz Sonnenburg's (Bemerkungen zu Aristoteles Thiergeschichte. Bonn 1857. S. 9 ff.) Polemik nicht die Nackenhöhle, sondern, wie auch Philippson, Ὕλη u. s. w. S. 6., angibt, der Hinterkopf; vgl. die Widerlegung von Sonnenburg in Karsch, Symbolae ad Aristotelis animalium, praesertim avium, anatomiam. Münster. S. 11—13]... ὑπὸ μὲν οὖν τὸ βρέγμα ὁ ἐγκέφαλός ἐστιν, τὸ δ' ἰνίον κενόν. ebend. 16. 494 b 24: πρῶτον μὲν οὖν τῆς κεφαλῆς κεῖται τὴν θέσιν ἐν τῷ πρόσθεν ἔχων ὁ ἐγκέφαλος... (b 33) τὸ δ' ὄπισθεν τῆς κεφαλῆς κενὸν καὶ

des Hinterkopfes [1]) und dann weiter vielleicht mit dem Ursprunge aller im Körper des Menschen befindlichen Luft [2]), der Lunge [3]), zusammen.

3) Das Organ des **Geruchssinns**, welches, entgegen der gewöhnlichen Meinung, die das Feuer als seinen Grundstoff betrachtet [4]), aus Luft und Wasser besteht [5]), hat beim Menschen und den durch Lungen athmenden Thieren das Eigenthümliche, dass es mit einer den Augenlidern analogen Hülle versehen ist, deren Adern und Poren sich erst durch das Einathmen öffnen müssen, ehe ein Geruch wahrgenommen werden kann [6]). Darin liegt die sonst höchst auffallende Erscheinung begründet, dass wir nur beim Einathmen zu riechen im Stande sind, nicht aber beim Ausathmen oder Anhalten des Athems [7]), oder auch

---

κοῖλον πᾶσιν. Die Behauptung selbst stützt sich vielleicht auf die Verallgemeinerung einer bei den Fischen, die auch bei der Darstellung des Auges dem Aristoteles vorgeschwebt zu haben scheinen (vgl. hist. an. I, 16. 495 a 15—16), gemachten Beobachtung.

1) de part. an. II, 10. 656 b 18: *πάλιν δ' ἐκ τῶν ὤτων ὡσαύτως πόρος εἰς τοὔπισθεν συνάπτει*.

2) de gener. an. V, 2. 781 a 31: .. *διὰ τὸ ἐπὶ τῷ πνευματικῷ μορίῳ τὴν ἀρχὴν τοῦ αἰσθητηρίου εἶναι τοῦ τῆς ἀκοῆς*. Doch ist die Stelle nicht streng beweisend.

3) Denn die blutführenden Thiere haben nicht, wie die blutlosen (de somno 2. 456 a 11—15), anstatt des Herzens festgewachsene Luft als Princip der Bewegung, sondern bei ihnen stammt schliesslich alle Luft von aussen her (ebend. a 15—18). Vgl. Philippson, Ὕλη S. 232 u. 54 ff.

4) Vgl. S. 45 ff.

5) de an. III, 1, ₃. 425 a 5: *ἡ δ' ὄσφρησις θατέρου τούτων (ἀέρος καὶ ὕδατος)*. de gener. an. II, 6. 744 a 2—3.

6) de an. II, 9, ₇. 421 b 26: *ἔοικε δὲ τοῖς ἀνθρώποις διαφέρειν τὸ αἰσθητήριον τοῦτο πρὸς τὸ τῶν ἄλλων ζῴων ὥσπερ τὰ ὄμματα πρὸς τὰ τῶν σκληροφθάλμων· τὰ μὲν γὰρ ἔχει φράγμα καὶ ὥσπερ ἔλυτρον τὰ βλέφαρα, ἃ μὴ κινήσας μηδ' ἀνασπάσας οὐχ ὁρᾷ· τὰ δὲ σκληρόφθαλμα οὐδὲν ἔχει τοιοῦτον, ἀλλ' εὐθέως ὁρᾷ τὰ γινόμενα ἐν τῷ διαφανεῖ· οὕτως οὖν καὶ τὸ ὀσφραντικὸν αἰσθητήριον τοῖς μὲν ἀκάλυφες εἶναι, ὥσπερ τὸ ὄμμα, τοῖς δὲ τὸν ἀέρα δεχομένοις ἔχειν ἐπικάλυμμα, ὃ ἀναπνεόντων ἀποκαλύπτεσθαι, διευρυνομένων τῶν φλεβῶν καὶ τῶν πόρων*. de sensu 5. 444 b 22: *τοῖς μὲν ἀναπνέουσι τὸ πνεῦμα ἀφαιρεῖ τὸ ἐπικείμενον ὥσπερ πῶμά τι*.

7) de an. II, 9, ₆. 421 b 14: *ὁ δ' ἄνθρωπος ἀναπνέων μὲν (ὀσμᾶται), μὴ ἀναπνέων δὲ ἀλλ' ἐκπνέων ἢ κατέχων τὸ πνεῦμα οὐκ ὀσμᾶται, οὔτε πόρρωθεν, οὔτ' ἐγγύθεν, οὐδ' ἂν ἐπὶ τοῦ μυκτῆρος ἐντὸς τεθῇ*. de sensu 5. 444 b 23: *διὸ οὐκ αἰσθάνεται μὴ ἀναπνέοντα*.

im Wasser, wo das Athmen unmöglich ist [1]). Wenn es sich bei den Wasserthieren anders verhält, so hat das in der abweichenden Einrichtung ihres Riechorgans seinen Grund, das unbedeckt daliegt, wie die Augen der liderlosen Thiere [2]).

4) Schon vorhin sahen wir, dass nach Aristoteles das Fleisch nicht Organ des Geschmacks- und Tastsinnes sei, sondern nur Medium dieser Sinne (vgl. S. 42 ff.). Das eigentliche Organ des Tastsinns liegt mithin mehr nach innen hin [3]); als speciellen Sitz gibt Aristoteles für denselben (natürlich auch für den Geschmack, der nur eine Unterart des Tastsinnes bildet) das Herz an [4]). Freilich drückt sich Aristoteles nicht immer mit dieser strengen Genauigkeit aus, sondern folgt manchmal der Ausdrucksweise des gewöhnlichen Lebens, welche das Fleisch als Organ des Tastsinns, die Zunge als das des Geschmackes bezeichnet [5]). Doch gibt er an einer Stelle selbst den Schlüssel zur Auflösung

---

1) de an. II, 9, 8. 422 a 3: καὶ διὰ τοῦτο τὰ ἀναπνέοντα οὐκ ὀσμᾶται ἐν τῷ ὑγρῷ· ἀναγκαῖον γὰρ ὀσφρανθῆναι ἀναπνεύσαντα, τοῦτο δὲ ποιεῖν ἐν τῷ ὑγρῷ ἀδύνατον.

2) de sensu 5. 443 a 3: δῆλον δ' ἐπὶ τῶν ἰχθύων καὶ τῶν ὀστρακοδέρμων· φαίνονται γὰρ ὀσφραινόμενα οὔτε ἀέρος ὄντος ἐν τῷ ὕδατι (ἐπιπολάζει γὰρ ὁ ἀήρ, ὅταν ἐγγένηται) οὔτ' αὐτὰ ἀναπνέοντα. vgl. de an. II, 9, 6. 421 b 18: ἀλλὰ τὸ ἄνευ τοῦ ἀναπνεῖν μὴ αἰσθάνεσθαι ἴδιον ἐπὶ τῶν ἀνθρώπων.

3) de part. an. II, 10. 656 b 35: οὐκ ἔστι τὸ πρῶτον αἰσθητήριον ἡ σὰρξ καὶ τὸ τοιοῦτον μόριον, ἀλλ' ἐντός. de an. II, 11, 1. 422 b 19: ἔχει δ' ἀπορίαν ... εἰ τὸ αἰσθητήριον τὸ τοῦ ἁπτοῦ ἁπτικόν; πότερον ἡ σὰρξ καὶ ἐν τοῖς ἄλλοις τὸ ἀνάλογον, πότερον, ἢ οὔ, ἀλλὰ τοῦτο μέν ἐστι τὸ μεταξύ, τὸ δὲ πρῶτον αἰσθητήριον ἄλλο τί ἐστιν ἐντός. Zu der ersten Stelle macht Frantzius in seiner Ausgabe S. 281 die Anmerkung: „Obgleich dem Aristoteles die Kenntniss und Bedeutung der Nerven unbekannt geblieben ist, so weiss er doch so viel, dass das Fleisch nicht an und für sich empfindend und Sinnesorgan ist, dass aber in ihm ein erstes Sinnesorgan (Empfindungsträger) enthalten ist, welches in der That die Nerven sind."

4) de part. an. II, 10. 656a 29: καὶ διότι αἱ μὲν δύο φανερῶς ἠρτημέναι πρὸς τὴν καρδίαν εἰσίν, ἥ τε τῶν ἁπτῶν καὶ ἡ τῶν χυμῶν. de sensu 2. 439a 1—2. Deshalb lässt sich auch beim Organe des Tastsinns die Zweitheilung, wie sie doch bei den beiden Augen, den beiden Ohren und der zweiflügligen Nase offen vorliegt, nicht beobachten; es ist nämlich jenes Organ vom Fleische bedeckt: de part. an. II, 10. 656 b 32: διπλοῦν μὲν γάρ ἐστιν ἕκαστον τῶν αἰσθητηρίων διὰ τὸ διπλοῦν εἶναι τὸ σῶμα, τὸ μὲν δεξιὸν τὸ δ' ἀριστερόν. ἐπὶ μὲν οὖν τῆς ἁφῆς τοῦτ' ἄδηλον· τούτου δ' αἴτιον ὅτι οὐκ ἔστιν τὸ πρῶτον αἰσθητήριον ἡ σὰρξ καὶ τὸ τοιοῦτον μόριον, ἀλλ' ἐντός.

5) So, wenn Aristoteles an der in der letzten Anm. citirten Stelle fortfährt: ἐπὶ δὲ τῆς γλώττης ἧττον μέν, μᾶλλον δ' ἢ ἐπὶ τῆς ἁφῆς· ἔστι γὰρ οἷον ἁφή τις καὶ αὕτη ἡ αἴσθησις. ὅμως δὲ δῆλον καὶ ἐπὶ ταύτης· φαίνεται γὰρ ἐσχισμένη — so ist

dieses anscheinenden Widerspruchs, indem er die jener Anschauungsweise immerhin zu Grunde liegende relative Wahrheit aufdeckt. Denn ist das Fleisch auch nicht eigentliches und erstes Organ des Tastsinns, so ist es doch auch nicht blosses Medium, sondern Hülfsorgan desselben und steht zu jenem eigentlichen und ersten Organ in einem solchen Verhältniss, wie sich die Luft zur Pupille verhalten würde, wenn sie mit dieser zu einer organisch-lebendigen Einheit verschmolzen und verwachsen wäre [1]).

---

das ein Beweis, dass er hier die Zunge als Organ des Geschmackssinns betrachtet. Vgl. ferner de part. an. II, 1. 647a 19: καὶ τὸ τούτων (des Warmen und Kalten, Trocknen und Nassen) αἰσθητήριον, ἡ σάρξ. hist. an. IV, 8. 533a 26: τὸ μὲν τῶν χυμῶν αἰσθητήριον, τὴν γλῶτταν.

1) de part. an. II, 8. 653 b 24: ταύτης (ἁφῆς) δ' αἰσθητήριον τὸ τοιοῦτον μόριόν ἐστιν, ἤτοι τὸ πρῶτον, ὥσπερ ἡ κόρη τῆς ὄψεως, ἢ τὸ δι' οὗ συνειλημμένον, ὥσπερ, ἂν εἴ τις προσλάβοι τῇ κόρῃ τὸ διαφανὲς πᾶν. Unter dem τοιοῦτον μόριον ist nach b 20 das Fleisch zu verstehen.

Scholl, Einheit u. s. w. S. 77 sucht, um einen Einwand gegen seine Behauptung, nach der Lehre des Aristoteles sei nicht das äussere Organ, sondern nur das Herz Subjekt der Wahrnehmung, zu entkräften, die „Analogie zwischen dem Herzen als (innerem) Organe des Tastsinns und dem Auge als (erstem) Organe des Sehens, und dem Fleisch als (angewachsenem) Medium des Tastens und der Luft als (äusserem) Medium des Gesichtssinnes", von der citirten Stelle de part. an. III, 8. seinen Ausgangspunkt nehmend, als „nicht aristotelisch" zu erweisen, und kommt dabei schliesslich (S. 79) zu dem Resultate, die gegeneinander stehenden Aporien (das Fleisch Organ — das Fleisch Medium) liessen sich vielleicht am besten durch die Annahme vereinigen, „es habe der Philosoph beide Bedeutungen, des äussern Mediums und des ersten (disponirenden) Organs in dem Fleische vereinigt"; denn der Grund ihrer Trennung bei den Kopfsinnen sei „die nothwendige Mittelbarkeit ihrer Reizbarkeit"; die Erde aber könne nicht als äusseres Medium dienen, und daher müsse das Fleisch „unmittelbar, oder vielmehr blos unmittelbar reizfähig sein".

Allein dagegen lässt sich erwiedern:

1. Es muss schon bedenklich erscheinen, wenn auf Grund eines immerhin nicht zweifellosen Räsonnements eine de an. II, 11, 9. 423b 17 ff. [ὅλως δ' ἔοικεν ἡ σὰρξ καὶ ἡ γλῶττα, ὡς ὁ ἀὴρ καὶ τὸ ὕδωρ πρὸς τὴν ὄψιν καὶ τὴν ἀκοὴν καὶ τὴν ὄσφρησιν, οὕτως ἔχειν πρὸς τὸ αἰσθητήριον ὥσπερ ἐκείνων ἕκαστον.], also in einer Schrift, die sich speciell mit physiologischen Untersuchungen beschäftigt (was bei den anatomisch-teleologischen Büchern über die Theile der Thiere, welchen die von Schell zur Grundlage seiner Untersuchung genommene Stelle angehört, keineswegs in dem Masse der Fall ist), so klar ausgesprochene Analogie als unaristotelisch erklärt wird.

2. Selbst zugegeben, das endgültige Resultat Scholl's entspreche der Absicht des Aristoteles, so bleibt jene Analogie dennoch bestehen; denn er selbst gesteht

Namentlich schliesst sich Aristoteles dann der gewöhnlichen Ausdrucksweise an, wenn er die Natur des Geschmacks- und Tastsinns näher bestimmen will — vielleicht deshalb, weil er von den von ihm postulirten eigentlichen Organen eine nähere Kenntniss nicht besass. So lehrt er, das Organ des Geschmackssinnes dürfe weder zu nass sein, noch gegen die Nässe sich abwehrend verhalten, sondern müsse in seiner Natur die Möglichkeit, benetzt zu werden, besitzen; denn weder schmecke die Zunge, wenn sie zu feucht, noch wenn sie zu trocken sei [1]). — Der Tastsinn, dessen Reizbarkeit sich auf die mannigfachsten Gegensätze erstreckt, befinde sich deshalb auch in einem zwar gleichtheiligen, aber doch weniger einfachen Stoffe, als der der übrigen Sinne ist [2]); denn das Fleisch, das nicht allein aus Luft und Wasser

(S. 79) ja ein, dass das Fleisch neben der Bedeutung als disponirendes Organ auch die eines „äussern Mediums" in sich trage.

3. In der fraglichen Stelle de part. an. heisst es, das Fleisch sei entweder πρῶτον αἰσθητήριον oder es verhalte sich zum eigentlichen πρῶτον αἰσθητήριον, wie die Luft sich zur Pupille verhalten würde, wenn sie mit ihr verwachsen wäre. Nun verbieten aber Stellen, wie de part. an. II, 10. 656b 35: οὐκ ἔστι τὸ πρῶτον αἰσθητήριον ἡ σάρξ καὶ τὸ τοιοῦτον μόριον, ἀλλ᾽ ἐντός, das erste Glied der Disjunktion als das von Aristoteles intendirte anzusehen; es bleibt also nur das zweite, d. h. das Fleisch verhält sich zum πρῶτον αἰσθητήριον, wie sich die Luft zur Pupille verhalten würde, wenn sie dieser angewachsen wäre. Offenbar würde dann indess die Luft nicht aufhören, Medium des Sehens zu sein; mag sie in diesem Falle auch immerhin Hülfsorgan des Hauptorgans, der Pupille nämlich, sein, so wird dadurch ihre Eigenschaft als Medium nicht zerstört, sondern nur modificirt. Das Gleiche gilt mithin vom Fleische; zwar ist es ein eigenthümliches Medium; Medium aber bleibt es auch nach dieser Stelle de part. an.

4. Die ganze Argumentation Schell's stützt sich darauf, dass der Tastsinn aus Erde bestehe. Weil die Erde (wie a. a. O. S. 79 weiter ausgeführt wird) nicht Medium des Tastens sein könne, so müsse das (aus Erde bestehende) Fleisch Organ desselben sein. Dass aber diese Voraussetzung nicht aristotelisch ist, ergibt sich aus den S. 45 Anm. 3 citirten Stellen.

5. Schell setzt (a. a. O. S. 79) ohne weiteres das „erste" Organ mit dem „disponirenden" als identisch, während doch das ἤτοι — ἤ an unserer Stelle gegen eine derartige Gleichstellung entschieden Protest erhebt.

1) de an. II, 10, ₄. 422a 34: ἐπεὶ δ᾽ ὑγρὸν τὸ γευστόν, ἀνάγκη καὶ τὸ αἰσθητήριον αὐτοῦ μήτε ὑγρὸν εἶναι ἐντελεχείᾳ μήτε ἀδύνατον ὑγραίνεσθαι· πάσχει γάρ τι ἡ γεῦσις ὑπὸ τοῦ γευστοῦ, ᾗ γευστόν. ἀναγκαῖον ἄρα ὑγρανθῆναι τὸ δυνάμενον μὲν ὑγραίνεσθαι σωζόμενον, μὴ ὑγρὸν δέ, τὸ γευστικὸν αἰσθητήριον. σημεῖον δὲ τὸ μήτε κατάξηρον οὖσαν τὴν γλῶτταν αἰσθάνεσθαι μήτε λίαν ὑγράν.

2) de part. an. II, 1, ₇. 647a 14: οὔσης δὲ τῆς αἰσθήσεως ἐν τοῖς ἁπλοῖς μέρεσιν εὐλόγως μάλιστα συμβαίνει τὴν ἁφὴν ἐν ὁμοιομερεῖ μὲν, ἥκιστα δ᾽

besteht, sondern auch, wenngleich nur der grössern Festigkeit halber, Erde beigemischt enthält [1], sei materieller als die Organe der übrigen Sinne [2]). Daran allerdings ist festzuhalten, dass auch beim Tastsinn ein Organ, das nur aus Erde bestände, ein Ding der Unmöglichkeit ist (vgl. S. 45 Anm. 3); denn wir nehmen nicht nur die verschiedenen Qualitäten der Erde sondern auch die der andern Elemente wahr, und zu diesen allen muss sich das Organ des Tastens in einer indifferenten Mitte befinden [3]). Deshalb kann auch ein Tastreiz ebenso wenig von Knochen, Haaren und dergleichen bloss aus Erde bestehenden Theilen wahrgenommen werden [4]), als von den gleichfalls einzig aus jenem Elemente zusammengesetzten Pflanzen [5]).

4. Vermögen als solche.

Die einzelnen Sinnesvermögen als solche können in vierfacher Hinsicht Gegenstand näherer Bestimmungen werden:

1) in Beziehung auf ihr Verhältniss zu ihren Organen,
2) in Beziehung auf ihr Verhältniss zu einander,
3) in Beziehung auf ihr Verhältniss zu den übrigen Seelenkräften, speciell zum innern Centralsinn,
4) in Beziehung auf ihr Verhältniss zur sensitiven Seele.

ἁπλῷ τῶν αἰσθητηρίων ἐγγίνεσθαι· μάλιστα γὰρ αὕτη δοκεῖ πλεόνων εἶναι γενῶν, καὶ πολλὰς ἔχειν ἐναντιώσεις τὸ ὑπὸ ταύτῃ αἰσθητόν.

1) de an. II, 11, ₁. 423a 11: ἐπὶ δὲ τῆς ἁφῆς τοῦτο νῦν ἄδηλον· ἐξ ἀέρος μὲν γὰρ ἢ ὕδατος ἀδύνατον συστῆναι τὸ ἔμψυχον σῶμα· δεῖ γάρ τι στερεὸν εἶναι, λείπεται δὴ μικτὸν ἐκ γῆς καὶ τούτων εἶναι, οἷον βούλεται [εἶναι καὶ setzt Torstrik hinzu; εἶναι hat auch Themistius (II pag. 134, 22 Spengel)] ἡ σάρξ καὶ τὸ ἀνάλογον [τοῦτο γὰρ ἀρχὴ καὶ σῶμα καθ' αὐτὸ τῶν ζῴων ἐστίν. de part. an. II, 8, ₁. 653b 21]. vgl. de an. III, 13, ₁. 435a 11—12. Auch Knochen und dgl., bei den derselben entbehrenden Thieren das Analoge, sind der grössern Festigkeit halber da: de part. an. II, 8, ₂. 653b 33: ἡ μὲν γὰρ τῶν ὀστῶν φύσις σωτηρίας ἕνεκεν μεμηχάνηται μαλακοῖ, σκληρὰ τὴν φύσιν οὖσα, ἐν τοῖς ἔχουσιν ὀστᾶ· ἐν δὲ τοῖς μὴ ἔχουσι τὸ ἀνάλογον.

2) de part. an. II, 1, ₇. 647a 19: καὶ τὸ τούτων αἰσθητήριον, ἡ σάρξ, καὶ τὸ ταύτῃ ἀνάλογον σωματωδέστατόν ἐστι τῶν αἰσθητηρίων. II, 8, ₁. 653b 29: μόνον γὰρ ἢ μάλιστα τοῦτ' (ἁπτικόν) ἐστι σωματῶδες τῶν αἰσθητηρίων.

3) de an. III, 13, ₁. 435a 21: πάντων γὰρ ἡ ἁφὴ τῶν ἁπτῶν ἐστιν ὥσπερ μεσότης, καὶ δεκτικὸν τὸ αἰσθητήριον οὐ μόνον ὅσαι διαφοραὶ γῆς εἰσίν, ἀλλὰ καὶ θερμοῦ καὶ ψυχροῦ καὶ τῶν ἄλλων ἁπτῶν ἁπάντων.

4) de an. III, 13, ₂. 435a 24: καὶ διὰ τοῦτο τοῖς ὀστοῖς καὶ ταῖς θριξὶ καὶ τοῖς τοιούτοις μορίοις οὐκ αἰσθανόμεθα, ὅτι γῆς ἐστίν.

5) de an. III, 13, ₁. 435b 1: καὶ τὰ φυτὰ διὰ τοῦτο οὐδεμίαν ἔχει αἴσθησιν, ὅτι γῆς ἐστίν.

Ueber den ersten Punkt ist schon gesprochen; der dritte kann erst später seine Erledigung finden, und es erübrigt mithin an dieser Stelle noch, über das Verhältniss zu handeln, in welchem die einzelnen Sinne zu einander und zur sensitiven Seele stehen.

1) Ein Hauptunterschied zwischen den verschiedenen Sinnen wurde schon früher berührt. Zwei von ihnen nämlich, der Tast- und der unter diesem mit einbegriffene Geschmackssinn sind für die Unterhaltung des lebenden Wesens unumgänglich nothwendig und finden sich deshalb auch stets und überall, wo nur eine Spur von animalischem Leben auftritt. Die drei übrigen Sinne dagegen dienen nur zur grössern Vollkommenheit, indem sie die Erkenntniss erweitern, neue Annehmlichkeiten verschaffen und dem Menschen insbesondere stets neue Nahrung für die Entwicklung seines Verstandes zuführen. Eine bedingungsweise Nothwendigkeit freilich kommt auch diesen Sinnen zu, für die Thiere nämlich, welche mit der Fähigkeit der Ortsbewegung versehen sind. Dieselben müssen die ihnen zusagende Nahrung schon von weitem erkennen, wenn sie auf dieselbe von fernher zugehen und sie dann ergreifen sollen [1]).

Obgleich aber der Tastsinn der nothwendigste und die Grundlage der andern ist, so ist doch nicht er der vorzüglichste, sondern der Gesichtssinn, welcher uns über die mannigfachsten Gegenstände Auskunft ertheilt und uns so zur Erkenntniss ihres Wesens führt; denn an der Farbe, dem nächsten Objekte des Gesichtssinns, haben alle Körper theil [2]). Zudem ist es gerade der Gesichtssinn, welchem wir in

---

1) Vgl. ausser den S. 3 Anm. 2 und 3 citirten Stellen noch de sensu 1. 436b 10: τοῖς δὲ ζῴοις, ᾖ μὲν ζῷον ἕκαστον, ἀνάγκη ὑπάρχειν αἴσθησιν... ἰδίᾳ δ' ἤδη καθ' ἕκαστον ἡ μὲν ἁφὴ καὶ γεῦσις ἀκολουθεῖ πᾶσιν ἐξ ἀνάγκης, ἡ μὲν ἁφὴ διὰ τὴν εἰρημένην αἰτίαν ἐν τοῖς περὶ ψυχῆς, ἡ δὲ γεῦσις διὰ τὴν τροφήν· τὸ γὰρ ἡδὺ διακρίνει καὶ τὸ λυπηρὸν αὕτη περὶ τὴν τροφήν, ὥστε τὸ μὲν φεύγειν τὸ δὲ διώκειν, καὶ ὅλως ὁ χυμός ἐστι τοῦ θρεπτικοῦ μορίου πάθος. αἱ δὲ διὰ τῶν ἔξωθεν αἰσθήσεις τοῖς πορευτικοῖς αὐτῶν, οἷον ὄσφρησις καὶ ἀκοὴ καὶ ὄψις, πᾶσι μὲν τοῖς ἔχουσι σωτηρίας ἕνεκεν ὑπάρχουσιν, ὅπως διώκωσί τε προαισθανόμενα τὴν τροφὴν καὶ τὰ φαῦλα καὶ τὰ φθαρτικὰ φεύγωσι, τοῖς δὲ καὶ φρονήσεως τυγχάνουσι τοῦ εὖ ἕνεκα· πολλὰς γὰρ εἰσαγγέλλουσι διαφοράς, ἐξ ὧν ἥ τε τῶν νοητῶν ἐγγίνηται φρόνησις καὶ ἡ τῶν πρακτῶν. Vgl. Bona Meyer, Aristoteles, Thierkunde, S. 433 f.

2) de an. III, 3, ₁₄. 429a 2: ἐπεὶ δ' ἡ ὄψις μάλιστα αἴσθησίς ἐστι κτλ. de sensu 1. 437a 3: αὐτῶν δὲ τούτων πρὸς μὲν τὰ ἀναγκαῖα κρείττων ἡ ὄψις καὶ καθ' αὑτήν... διαφορὰς μὲν γὰρ πολλὰς εἰσαγγέλλει καὶ παντοδαπὰς ἡ τῆς ὄψεως δύναμις διὰ τὸ πάντα τὰ σώματα μετέχειν χρώματος κτλ. Vgl. S. 59, Anm. 2 und Bonitz, Metaph. S. 37 f.

erster Linie Belehrung über die sogenannten gemeinschaftlichen Objekte, Bewegung, Grösse u. s. w., verdanken [1]). Darum ist uns dieser Sinn vor allen theuer, und selbst wenn wir seiner Thätigkeit nicht zur Vollziehung irgend einer Handlung bedürfen, verlangen wir nach der Anregung und dem Genuss, die uns aus dem Sehen erwachsen [2]).

Nur in accidenteller Weise lässt sich diese Ehrenstelle dem Gehörsinn anweisen [3]). Das Lernen nämlich, wodurch wir zur Einsicht und Verständigkeit geführt werden, beruht vorzüglich auf dem Worte der Unterweisung. Dieses aber geht durch das Gehör in die Seele ein, wo es dann als Zeichen oder Symbol die durch dasselbe bezeichnete Vorstellung in uns wachruft [4]). Aus letzterem Grunde ist es auch ein grösseres Uebel, von Jugend auf des Gehörs, als des Gesichtes zu entbehren, und es kann ein Blindgeborener leichter eine höhere Stufe geistiger Ausbildung erschwingen, als einer, der von Geburt an taubstumm gewesen [5]).

Uebrigens steht auch der Tastsinn nicht ausser Beziehung zur Vernunft. Der Mensch ist das klügste der lebenden Wesen, weil er den besten Tastsinn hat, und unter den Menschen zeichnen sich wieder diejenigen durch die besten Geistesanlagen aus, bei welchen das Fleisch, welches beim Tastsinn eine so vorzügliche Rolle spielt, weich ist und dadurch dem Gefühl eine vorzügliche Feinheit verleiht [6]).

---

[1] S. 66, Anm. 2.
[2] metaph. I, 1. 980a 21: πάντες ἄνθρωποι τοῦ εἰδέναι ὀρέγονται φύσει. σημεῖον δ' ἡ τῶν αἰσθήσεων ἀγάπησις... καὶ μάλιστα τῶν ἄλλων ἡ διὰ τῶν ὀμμάτων. οὐ γὰρ μόνον ἵνα πράττωμεν, ἀλλὰ καὶ μηθὲν μέλλοντες πράττειν τὸ ὁρᾶν αἱρούμεθα ἀντὶ πάντων ὡς εἰπεῖν τῶν ἄλλων. αἴτιον δ' ὅτι μάλιστα ποιεῖ γνωρίζειν τι ἡμᾶς. αὕτη τῶν αἰσθήσεων καὶ πολλὰς δηλοῖ διαφοράς.
[3] de sensu 1. 437a 5: πρὸς δὲ νοῦν καὶ κατὰ συμβεβηκὸς (κρείττων) ἡ ἀκοή.
[4] de sensu 1. 437a 9: ἡ δ' ἀκοὴ τὰς τοῦ ψόφου διαφορὰς μόνον (εἰσαγγέλλει), ὀλίγοις δὲ καὶ τὰς τῆς φωνῆς. κατὰ συμβεβηκὸς δὲ πρὸς φρόνησιν ἡ ἀκοὴ πλεῖστον συμβάλλεται μέρος. ὁ γὰρ λόγος αἴτιός ἐστι τῆς μαθήσεως ἀκουστὸς ὤν, οὐ καθ' αὑτὸν ἀλλὰ κατὰ συμβεβηκός· ἐξ ὀνομάτων γὰρ σύγκειται, τῶν δ' ὀνομάτων ἕκαστον σύμβολόν ἐστιν. Vgl. Bona Meyer a. a. O. S. 436.
[5] de sensu 1. 437a 15: διόπερ φρονιμώτεροι τῶν ἐκ γενετῆς ἐστερημένων εἰσὶν ἑκατέρας τῆς αἰσθήσεως οἱ τυφλοὶ τῶν ἐνεῶν καὶ κωφῶν.
[6] de an. II, 9, 1. 421a 20: ἐν μὲν γὰρ ταῖς ἄλλαις (αἰσθήσεσι) λείπεται (ὁ ἄνθρωπος) πολλῷ τῶν ζῴων, κατὰ δὲ τὴν ἁφὴν πολλῶν τῶν ἄλλων διαφερόντως ἀκριβοῖ. διὸ καὶ φρονιμώτατόν ἐστι τῶν ζῴων. σημεῖον δὲ τὸ καὶ ἐν τῷ γένει τῶν ἀνθρώπων παρὰ τὸ αἰσθητήριον τοῦτο εἶναι εὐφυεῖς καὶ

2) In Beziehung auf das Verhältniss der Sinnesvermögen zur sensitiven Seele erhebt sich die Frage, ob sie mit dieser real identisch und nur dem Sein, d. h. nach Aristotelischer Terminologie dem Begriffe nach von ihr verschieden seien, oder nicht.

Aristoteles selbst scheint sich für das letztere zu entscheiden. Er vergleicht die verschiedene Art und Weise, wie man jemanden „wahrnehmend" nennen könne, mit der verschiedenen Art, in der man jemanden mit der Bezeichnung eines Wissenden belege. Dieses finde nämlich in dreifacher Weise statt. Zunächst könne man

a) einem Menschen das Prädikat „wissend" zutheilen, insoweit überhaupt in der menschlichen Natur an und für sich die Möglichkeit des Wissens liege. Schon anders wird der Sinn, wenn man

b) damit einen Menschen bezeichnet, der sich bereits irgend eine Wissenschaft, etwa die Grammatik, angeeignet hat und sich nun im, wenngleich ruhenden Besitze derselben befindet. Während die erste Möglichkeit noch eine ganz unbestimmte und allgemeine war, ist in diesem Falle bereits eine nähere Bestimmung und Aktualisirung eingetreten; der Betreffende ist jetzt hinlänglich ausgerüstet, um in jedem Augenblicke, wann er will, einen beliebigen Satz seiner Wissenschaft zu betrachten.

c) Drittens endlich lasse sich die Bezeichnung „wissend" in dem Sinne nehmen, dass man darunter jemanden verstehe, der aktuell einen bestimmten wissenschaftlichen Gegenstand betrachte [1]. — Passend kann man den ersten Fall als reine Potenz, den zweiten als actus primus, den dritten oder die Thätigkeit als actus secundus bezeichnen.

Machen wir davon mit Aristoteles die Anwendung auf unsern Ge-

---

ἀφυεῖς, παρ' ἄλλο δὲ μηδέν· οἱ μὲν γὰρ σκληρόσαρκοι ἀφυεῖς τὴν διάνοιαν, οἱ δὲ μαλακόσαρκοι εὐφυεῖς. Auch die gute Mischung aller Elemente im leiblichen Theile des Menschen (durch die schliesslich die Vortrefflichkeit des Tastsinns ebenfalls begründet wird) bedingt die geistige Ueberlegenheit des Menschen [de gener. an. II, 6. 744a 30: δηλοῖ δὲ τὴν εὐκρασίαν ἡ διάνοια· φρονιμώτατον γάρ ἐστι τῶν ζῴων ἄνθρωπος.].

1) de an. II, 5, ₄. 417 a 21: διαιρετέον δὲ καὶ περὶ δυνάμεως καὶ ἐντελεχείας·... ἔστι μὲν γὰρ οὕτως ἐπιστήμον τι ὡς ἂν εἴποιμεν ἄνθρωπον ἐπιστήμονα, ὅτι ὁ ἄνθρωπος τῶν ἐπιστημόνων καὶ ἐχόντων ἐπιστήμην· ἔστι δ' ὡς ἤδη λέγομεν ἐπιστήμονα τὸν ἔχοντα τὴν γραμματικήν· (ἑκάτερος δὲ τούτων οὐ τὸν αὐτὸν τρόπον δυνατός ἐστιν, ἀλλ' ὁ μὲν ὅτι τὸ γένος τοιοῦτον καὶ ἡ ὕλη, ὁ δ' ὅτι βουληθεὶς δυνατὸς θεωρεῖν, ἂν μή τι κωλύσῃ τῶν ἔξωθεν· τρίτος δ' ὁ ἤδη θεωρῶν, ἐντελεχείᾳ ὢν καὶ κυρίως ἐπιστάμενος τόδε τὸ Α. Vgl. Trendelenburg, de an. p. 364 f.

genstand, so entspricht dem aktuellen Wissen das aktuelle Wahrnehmen¹). Dem Wissenden im ersten Sinne entspricht offenbar die in der sensitiven Seele an sich angelegte Möglichkeit der Wahrnehmung. So bleibt als Korrelat des Wissenden im zweiten Sinne nur das eigentliche Vermögen der Wahrnehmung, die Kraft derselben.

Nun lehrt Aristoteles, dass, während der Wahrnehmende im zweiten Sinne (actu primo) zum aktuell (actu secundo) Wahrnehmenden werde durch die Einwirkung des äussern Objekts²), die erste Ueberführung oder Verwandlung (ἡ πρώτη μεταβολή), d. h. die Ueberführung aus der ganz vagen Möglichkeit, die im Sein der sensitiven Seele angelegt ist, zu der nähern Determination, welche das Vermögen, die Kraft der Wahrnehmung mit sich bringt, vom Erzeuger (dem ja auch die sensitive Seele als solche ihren Ursprung verdankt³)) bewirkt werde⁴). Eine **Verwandlung** aber setzt immer Verschiedenheit des Ausgangs- und Zielpunktes voraus⁵). Das Vermögen der Wahrnehmung muss also dem Sein der Seele, das substantiell bereits völlig in sich abgeschlossen ist, eine neue, real verschiedene Vollkommenheit hinzufügen, muss sich mit einem Worte wie ein Accidens, eine Qualität zu ihr verhalten.

---

1) de an. II, 5, ₆. 417 b 18: καὶ τὸ κατ' ἐνέργειαν δὲ (αἰσθάνεσθαι) ὁμοίως λέγεται τῷ θεωρεῖν.

2) de an. II, 5, ₆. 417 b 20—21.

3) de gener. an. II, 5. 741 b 5: διόπερ ἐν τοῖς τοιούτοις ἀεὶ τὸ ἄρρεν ἐπιτελεῖ τὴν γένεσιν. ἐμποιεῖ γὰρ τοῦτο τὴν αἰσθητικὴν ψυχήν, ἢ δι' αὐτοῦ ἢ διὰ τῆς γονῆς. II, 4. 738 b 25: ἔστι δὲ τὸ μὲν σῶμα ἐκ τοῦ θήλεος, ἡ δὲ ψυχὴ ἐκ τοῦ ἄρρενος. vgl. 3. 736 b 1. 737 a 30—34.

4) de an. II, 5, ₆. 417 b 16: τοῦ δ' αἰσθητικοῦ ἡ μὲν πρώτη μεταβολὴ γίνεται ὑπὸ τοῦ γεννῶντος· ὅταν δὲ γεννηθῇ, ἔχει ἤδη ὥσπερ ἐπιστήμην καὶ τὸ αἰσθάνεσθαι. Vgl. dazu Themistius II, 102, 27 (Spengel): ὥσπερ οὖν ἐπὶ τῆς ἐπιστήμης ὁ μὲν ἄρτι μανθάνων τὴν πρώτην κινεῖται μεταβολήν, ὁ δὲ μεμαθηκὼς ἔχει μὲν ἤδη τὴν ἕξιν, προσδεῖται δὲ τῆς ἐνεργείας, οὕτω καὶ ἐπὶ τῆς αἰσθήσεως τὸ μὲν σπέρμα τοῦ ζῴου καὶ τὸ ᾠὸν τὴν πρώτην μεταβάλλει μεταβολήν, καθ' ἣν γίνεται αἰσθητικόν, ὅταν δὲ γένηται ζῷον, ἔχει ἤδη τὴν ἕξιν, ἐλλείπει δὲ αὐτῷ ἡ ἐνέργεια. Trendelenburg, de an. p. 366: Tros, ut vidimus, δυνάμεως et ἐντελεχείας sunt gradus, duae igitur mutationes. Harum prima, quae ea erat, ut e rudi doctus fieret, quasi in ipso nascendo sensibus ingignitur; neque enim sensus erudiendi et docendi sunt.

5) phys. V, 1. 225 a 1: πᾶσα μεταβολή ἐστιν ἔκ τινος εἴς τι. VI, 4. 234 b 11. VIII, 2. 252 b 10.

B. Das centrale Vermögen der Wahrnehmung.

Wir haben hier zu sprechen:
1) von dem Centralvermögen der Wahrnehmung, dem Centralsinn als solchem;
2) von seinem Verhältniss zu den äussern Sinnen;
3) von seinem Sitz im Körper.

I. Der Centralsinn als solcher.

Neben den im Voraufgehenden bezeichneten Objekten der einzelnen Sinne gibt es noch eine Reihe von Objekten, die nicht von einem einzelnen Sinne direkt wahrgenommen werden. Dieselben erfordern daher auch ein von den Einzelsinnen wenigstens als solchen in etwas verschiedenes Subjekt der Wahrnehmung, wenn anders die Wahrnehmung in irgend einer Weise direkt auf jene Objekte geht, und nicht blos accidentell, wie wir accidentell auch den Sohn des Kleon sehen, wenn wir direkt die mit jenem accidentell verbundene weisse Farbe empfinden [1]).

1. Der innere Sinn als Sinn der gemeinsamen Objekte.

Zu diesen Objekten gehören zunächst die sogenannten **gemeinsamen Objekte** der Sinneswahrnehmung, Bewegung, Ruhe, Zahl, Gestalt, Ausdehnung [2]). Gemeinsam heissen dieselben, weil sie nicht auf den engen Rahmen eines einzigen Sinnes beschränkt sind, sondern

---

1) Vgl. de an. III, 1, $_6$. 425 a 24—30.
2) de an. II, 6, $_3$. 418 a 17: κοινὰ δὲ κίνησις ἠρεμία ἀριθμός σχῆμα μέγεθος· τὰ γὰρ τοιαῦτα οὐδεμιᾶς ἐστιν ἴδια, ἀλλὰ κοινὰ πάσαις. ebend. III, 1, $_8$. 425 a 13: ἀλλὰ μὴν οὐδὲ τῶν κοινῶν ... οἷον κινήσεως στάσεως [= ἠρεμία II, 6] σχήματος μεγέθους ἀριθμοῦ ἑνός [II, 6 unter der Zahl mit einbegriffen; denn wenn die Einheit auch selbst keine Zahl ist (metaph. XIII, 1. 1088 a 6: διὸ καὶ εὐλόγως οὐκ ἔστι τὸ ἓν ἀριθμός), so ist sie doch Princip der Zahl als Zahl und das Mass derselben (metaph. IX, 1. 1052 a 23: διὸ τὸ ἓν ἀριθμοῦ ἀρχὴ ᾗ ἀριθμός. ebend. IV, 15. 1021 b 12: τὸ δ' ἓν τοῦ ἀριθμοῦ ἀρχὴ καὶ μέτρον. ebend. 6. 1016 b 17: τὸ δ' ἑνὶ εἶναι ἀρχή τινί ἐστιν ἀριθμοῦ εἶναι)]. de sensu 1. 437 a 8: λέγω δὲ κοινὰ σχῆμα μέγεθος κίνησιν [die hier die Ruhe mit einschliesst; denn: τῶν ἐναντίων ἡ αὐτὴ αἴσθησις. top. I, 14. 105 b 5] ἀριθμόν. de insomn. 1. 458 b 4—6. de an. III, 1, $_8$. 425 b 6. III, 3, $_{12}$. 428 b 22—24. Vgl. Kampe a. a. O. S. 102 f.

mehr oder weniger in allen Sinnesorganen ein geöffnetes Thor finden, um durch dasselbe zur Wahrnehmung der Seele zu gelangen [1]).

Nun kann man allerdings in gewissem Sinne sagen, dass auch das eigenthümliche Objekt eines Sinnes nicht diesem ausschliesslich angehöre, sondern daneben auch durch andere Sinne erfassbar sei. Ist z. B. in einem konkreten Falle ein und derselbe Gegenstand weiss und süss, ist also das Schmeckbare mit dem Sichtbaren real identisch, so kann man nicht nur von einer Wahrnehmung des Schmeckbaren durch den Geschmackssinn reden, sondern auch dem Gesichtssinn eine solche zuschreiben [2]). Allein eine derartige Wahrnehmung ist nur eine accidentelle. Der Gesichtssinn ist an sich nur für einen Farbenreiz empfänglich, nicht für den Geschmack, den er zunächst nur in soweit wahrnimmt, als beide Eigenschaften in ein und demselben Objekte accidentell verbunden sind [2]), und höchstens könnte man diese Gemeinsamkeit von der $\varkappa\alpha\tau'$ $\grave{\varepsilon}\xi o\chi\grave{\eta}\nu$ accidentell genannten dadurch unterscheiden [3]), dass bei ihr zu der blos objektiven, auf das Vorhandensein beider Eigenschaften im selben Objekt gegründeten Einheit, noch eine Art von subjektiver Verbindung hinzukommt, die gemeinsame Wurzelung der verschiedenen Sinne in ein und demselben Grundvermögen der Seele. Nur in soweit in diesem gemeinsamen Ursprung beide Sinne zusammenfliessen, nicht aber nach der Sonderexistenz, die sie, von der Quelle entfernt, annehmen, kann man, ohne ein rein accidentelles Verhältniss bezeichnen zu wollen, ein

---

1) de an. II, 6,₃. 418 a 18: τὰ γὰρ τοιαῦτα οὐδεμιᾶς ἐστὶν ἴδια, ἀλλὰ κοινὰ πάσαις· καὶ γὰρ ἁφῇ κίνησίς τίς ἐστιν αἰσθητὴ καὶ ὄψει. vgl. a 10—11.

2) de an. III, 1,₅. 425 a 21: ... οὕτω γὰρ ἔσται ὥσπερ νῦν τῇ ὄψει το γλυκὺ αἰσθανόμεθα· τοῦτο δ' ὅτι ἀμφοῖν ἔχοντες τυγχάνομεν αἴσθησιν, ᾗ καὶ ὅταν συμπέσωσιν ἅμα γνωρίζομεν. Doch kann hier auch an den Gemeinsinn gedacht sein.

3) de an. III, 1,₆. 425 a 24 ff. stellt Aristoteles der in der vorigen Anm. angegebenen Gemeinsamkeit gegenüber: εἰ δὲ μὴ [= wenn aber nicht, nicht = εἰ δὲ, wie Torstrik will, der (S. 164) nam si esset übersetzt — richtig freilich von seinem Standpunkte aus, da er a 5: οὕτω — 7: γνωρίζομεν ausscheidet und so einen Anschluss an einen negativen Satz gewinnt. Indess liegt zu seiner Annahme einer doppelten Recension an dieser Stelle kein Grund vor, da, wie schon Themistius (fol. 84ᵇ. II, pag. 150, 23 ff. Sp.) bemerkt (vgl. auch Trendelenburg a. a. O. S. 4 8 f. Brentano, Psychologie u. s. w. S. 98 Anm., Kampe, S. 105 Anm.) das κατὰ συμβεβηκός in beiden Gliedern nicht im selben Sinne genommen wird.], οὐδαμῶς ἂν ἀλλ' ἢ κατὰ συμβεβηκός ᾐσθανόμεθα, οἷον τὸν Κλέωνος υἱὸν οὐχ ὅτι Κλέωνος υἱός ἀλλ' ὅτι λευκός, τούτῳ δὲ συμβέβηκεν υἱῷ Κλέωνος εἶναι.

und dasselbe Objekt der Wahrnehmung verschiedener Sinne zuschreiben [1]).

Anders bei den oben aufgezählten gemeinsamen Objekten. Dieselben werden von jedem einzelnen Sinne nicht in der oben bezeichneten accidentellen Weise, sondern an sich wahrgenommen [2]; denn sie bewirken, was kein blos accidentell wahrgenommenes Objekt vermag, in dem Wahrnehmenden eine reale Veränderung [3]). Die Grösse z. B. die ein Objekt des Gesichts- oder Tastsinns hat, findet sich nicht blos in ein und demselben Subjekte mit der Farbe, resp. der tastbaren Qualität, sondern afficirt diese gerade auch in soweit, als jene Objekte auf den Gesichts-, resp. Tastsinn einwirken. Oder bringt nicht eine gefärbte Fläche von vier Quadratfuss eine ganz andere Modifikation des Gesichtssinns hervor, als eine solche, der nur die halbe Ausdehnung eignet?

So nimmt also allerdings jeder einzelne Sinn die gemeinsamen

---

1) de an. III, 1, 7. 425 a 30: τὰ δ' ἀλλήλων ἴδια κατὰ συμβεβηκὸς αἰσθάνονται αἱ αἰσθήσεις, οὐχ ᾗ αὐταί, ἀλλ' ᾗ μία, ὅταν ἅμα γένηται ἡ αἴσθησις ἐπὶ τοῦ αὐτοῦ, οἷον χολὴν ὅτι πικρὰ καὶ ξανθή· οὐ γὰρ δὴ ἑτέρας γε τὸ εἰπεῖν ὅτι ἄμφω ἕν· διὸ καὶ ἀπατᾶται, καὶ ἐὰν ᾖ ξανθόν, χολὴν οἴεται εἶναι.

2) de an. II, 6, 1. 418 a 8: λέγεται δὲ τὸ αἰσθητὸν τριχῶς, ὧν δύο μὲν καθ' αὑτά φαμεν αἰσθάνεσθαι, τὸ δὲ ἓν κατὰ συμβεβηκός. τῶν δὲ δύο [also des καθ' αὑτὸ Wahrgenommenen] τὸ μὲν ἴδιόν ἐστιν ἑκάστης αἰσθήσεως, τὸ δὲ κοινὸν πασῶν. Vgl. III, 1, 4. 425 a 28.

3) de an. III, 1, 5. 425 a 16: ταῦτα (die κοινά) γὰρ πάντα κινήσει αἰσθανόμεθα, οἷον μέγεθος κινήσει. ὥστε καὶ σχῆμα· μέγεθος γάρ τι τὸ σχῆμα [Torstrik vermuthet: μεγέθους γάρ τι τὸ σχῆμα. Vielleicht lautete so auch die Uebersetzung des Wilhelm von Moorbecke, da Thomas von Aquin (op. omnia Venet. 1593. tom. III. de anima fol. 37ᵃ D) zu dieser Stelle bemerkt: Ex quo apparet, quod figuram etiam cognoscimus cum quadam immutatione, quia figura est aliquid magnitudinis.], τὸ δ' ἠρεμοῦν τῷ μὴ κινεῖσθαι· ὁ δ' ἀριθμὸς τῇ ἀποφάσει τοῦ συνεχοῦς καὶ τοῖς ἰδίοις· ἑκάστη γὰρ ἓν αἰσθάνεται αἴσθησις. Die κίνησις scheint zunächst die subjektive Veränderung des Sinnes zu bedeuten (anders Torstrik a. a. O. S. 162 ff.); vgl. Themistius zu dieser Stelle (fol. 84ᵇ, II, 150,₁₃ ff. Sp.): ... οὐ γὰρ κατὰ συμβεβηκὸς αἰσθανόμεθα τῶν κοινῶν· οὐδὲν γὰρ τῶν κατὰ συμβεβηκὸς αἰσθητῶν κινεῖ τὸ αἰσθητήριον καὶ ἀλλοιοῖ καὶ ἐνδίδωσι τὴν ἰδίαν μορφήν ... (151, 23:) ἐπὶ μέντοι τῶν κοινῶν αἰσθητῶν, ὅταν αἰσθάνεται μεγέθους ἡ ὄψις, ἐγγίνεται τοῦ μεγέθους αὐτῇ χαρακτήρ, καὶ τῆς κινήσεως δὲ ὁμοίως καὶ τοῦ ἑνὸς καὶ τοῦ σχήματος. πῶς ἂν οὖν κατὰ συμβεβηκὸς αἰσθάνοιτο τούτων ὧν ἀπομάττεται τὸ εἶδος οὐχ ἧττον ἢ τὸ τοῦ χρώματος. Die Aenderung Torstriks von κινήσει in κοινῇ hat ihren Grund darin, dass er nur an die objektive Bewegung bei dem κινήσει denkt, und sie wird auch von Kampe (a. a. O. S. 104) stillschweigend wieder beseitigt.

Objekte wahr. Eine andere Frage aber ist es, ob er dieselben von den ihm specifisch eigenthümlichen auch **gesondert** erfassen kann. „Gäbe es", sagt Aristoteles, „nur den Gesichtssinn, so würden wir in grösserer Unkenntniss über die gemeinsamen Objekte sein und es würde uns wegen der steten Verbindung von Farbe und Grösse mit einander alles als dasselbe erscheinen. Jetzt aber, wo jene auch mit den andern Sinnen verbunden vorkommen, erkennen wir ihre Verschiedenheit von einander [1]." Die Fähigkeit, die gemeinsamen Objekte von den jedem Sinne eigenthümlichen zu unterscheiden, beruht also auf dem Umstande, dass jene, nicht aber diese, mehreren Sinnen gemeinsam sind; indem die Seele dieses erkennt, ist damit die Sonderung von selbst gegeben. Eine solche Vergleichung kann nun aber der auf eine einzige Gattung von Wahrnehmbarem beschränkte Einzelsinn nicht vornehmen; sie ist, wie im Folgenden genauer wird gezeigt werden, nur vermittels einer Kraft möglich, in der alle Aussensinne ihre innere Wurzel haben. Nur diesem innern, ersten und gemeinsamen Sinne — denn von einem etwaigen sechsten Einzelsinn kann selbstverständlich keine Rede sein [2]), da damit die Gemeinsamkeit jener Objekte, wie sie wirklich stattfindet, zu einer blos accidentellen herabgesetzt werden würde, was zurückgewiesen ist [3]) — stellen sich die gemeinsamen Objekte als solche, in ihrer Sonderexistenz dar, während sie dem Einzelsinn nothwendig mit seinem specifischen Objekte verschwimmen müssen. Beim Einzelsinn können wir daher mit Aristoteles in gewisser Weise doch auch wieder von einer Wahrnehmung κατὰ συμβεβηκὸς sprechen [4]), indem die eigentliche und volle Erkenntniss — und das ist ja ihre gesonderte Auffassung — dem Gemeinsinn zukommt. Letzteres bemerkt denn auch Aristoteles ausdrücklich an verschiedenen Stellen von den genannten

---

1) de an. III, 1, 8. 425 b 6: εἰ γὰρ ἦν ἡ ὄψις μόνη, ... ἐλάνθανεν ἂν μᾶλλον (τὰ κοινὰ) κἂν ἐδόκει ταὐτὸ εἶναι πάντα διὰ τὸ ἀκολουθεῖν ἀλλήλοις ἅμα [dafür wol mit Torstrik ἀεὶ] χρῶμα καὶ μέγεθος· νῦν δ' ἐπεὶ καὶ ἐν ἑτέρῳ αἰσθητῷ τὰ κοινὰ ὑπάρχει, δῆλον ποιεῖ ὅτι ἄλλο τι ἕκαστον αὐτῶν.

2) de an. III, 1, 3. 425 a 20: ὥστε δῆλον ὅτι ἀδύνατον ὁτουοῦν ἰδίαν αἴσθησιν εἶναι τούτων, οἷον κινήσεως. Vgl. a 13—14 u. Anm. 3—4 auf dieser Seite.

3) de an. III, 1, 7. 425 a 27: τῶν δὲ κοινῶν ἤδη ἔχομεν αἴσθησιν κοινήν, οὐ κατὰ συμβεβηκός· οὐκ ἄρ' ἔστιν ἰδία. Accidentell würde die Wahrnehmung werden, da das specifische Objekt eines Einzelsinnes für die andern Einzelsinne oben nur accidentell erfassbar ist.

4) de an. III, 1, 8. 425 a 13: ἀλλὰ μὴν οὐδὲ τῶν κοινῶν οἷόν τ' εἶναι αἰσθητήριόν τι ἴδιον, ὧν ἑκάστῃ αἰσθήσει αἰσθανόμεθα κατὰ συμβεβηκός [wo Torstrik mit Unrecht vor κατὰ σ. ein οὐ einschieben will; vgl. auch Brentano a. a. O. S. 96 Anm.].

Objekten im allgemeinen [1]), sowie von Grösse, Bewegung und Zeit im besondern [2]).

Fragen wir endlich, ob für die Erkenntniss der gemeinsamen Objekte alle Sinne von gleicher Wichtigkeit seien, so ist diese Frage zu verneinen. In erster Linie werden sie uns durch den Sinn offenbar, der uns überhaupt über die mannigfachsten Verschiedenheiten Aufschluss gibt, den Gesichtssinn [3]). Zählt Aristoteles an einer andern Stelle neben jenem noch den Tastsinn auf [4]), so ist das kein Widerspruch, da ja auch der Tastsinn zahlreiche Unterschiede zum Objekte hat [5]).

2. Der innere Sinn als die Objekte der verschiedenen Aussensinne zusammenfassende und beurtheilende Kraft.

Es ist Thatsache, dass wir die verschiedenen Sinnesobjekte in ihrem Unterschiede erfassen und mit einander vergleichen.

Was nun zunächst die derselben Art angehörenden Differenzen betrifft, so ist es klar, dass deren Beurtheilung jenem Sinne anheimfällt, dessen besonderes Objekt jene Art des Wahrnehmbaren ausmacht. Die Differenz des Schwarzen und Weissen z. B. wird das Gesicht, die des Süssen und Bittern der Geschmack empfinden [6]).

Allein wir beurtheilen nicht nur die Unterschiede von Objekten derselben Art, sondern auch die solcher Objekte, die verschiedenen Sinnen angehören; nicht nur den Unterschied des Weissen und Schwarzen einerseits und den des Süssen und Bittern anderseits, sondern auch den des Weissen und des Süssen [7]). Auch diese Beurtheilung muss das Werk eines sinnlich wahrnehmenden Vermögens, eines Sinnes

---

1) Siehe S. 65, Anm. 3.
2) de memor. 1. 450 a 9: μέγεθος δ' ἀναγκαῖον γνωρίζειν καὶ κίνησιν ᾧ καὶ χρόνον, καὶ τὸ φάντασμα τῆς κοινῆς αἰσθήσεως πάθος ἐστίν. ὥστε φανερὸν ὅτι τῷ πρώτῳ αἰσθητικῷ τούτων ἡ γνῶσίς ἐστιν. ebend. 451 a 14: τί μὲν οὖν ἐστὶ μνήμη ... εἴρηται, ... καὶ τίνος μορίου τῶν ἐν ἡμῖν, ὅτι τοῦ πρώτου αἰσθητικοῦ καὶ ᾧ χρόνου αἰσθανόμεθα.
3) de sensu 1. 437 a 5: διαφορὰς μὲν γὰρ πολλὰς εἰσαγγέλλει καὶ παντοδαπὰς ἡ τῆς ὄψεως δύναμις ... ὥστε καὶ τὰ κοινὰ διὰ ταύτης αἰσθάνεσθαι μάλιστα.
4) Siehe S. 63, Anm. 1.
5) Siehe S. 35, Anm. 6.
6) de an. III, 2, $_{10}$. 426 b 8: ἑκάστη μὲν οὖν αἴσθησις τοῦ ὑποκειμένου αἰσθητοῦ ἐστίν, ὑπάρχουσα ἐν τῷ αἰσθητηρίῳ ᾗ αἰσθητήριον, καὶ κρίνει τὰς τοῦ ὑποκειμένου αἰσθητοῦ διαφοράς, οἷον λευκὸν μὲν καὶ μέλαν ὄψις, γλυκὺ δὲ καὶ πικρὸν γεῦσις. ὁμοίως δ' ἔχει τοῦτο καὶ ἐπὶ τῶν ἄλλων.
7) de an. III, 2, $_{10}$. 426 b 12: ἐπεὶ δὲ καὶ τὸ λευκὸν καὶ τὸ γλυκὺ καὶ ἕκαστον τῶν αἰσθητῶν πρὸς ἕκαστον κρίνομεν, τίνι καὶ αἰσθανόμεθα ὅτι διαφέρει;

sein; denn für sinnliche Objekte — und derart sind diejenigen, um welche es sich handelt — als solche ist nur ein sinnliches Erkenntnissvermögen zugänglich [1]). Natürlich kann, wie Aristoteles bemerkt [2]), ein einzelner äusserer Sinn diese Rolle nicht übernehmen; ist er ja für die direkte Wahrnehmung auf sein eigenes Objekt beschränkt. Am ersten könnte man noch an den Tastsinn denken. Da nämlich der Tastsinn zwar ohne die andern Sinne vorkommt, diese aber nicht ohne jenen, so ist er gewissermassen die Voraussetzung und der gemeinsame Grund dieser [3]); und wirklich scheint Aristoteles sich an einer Stelle der Ansicht zuzuneigen, jene Wahrnehmung komme dem Tastsinn zu [4]). Doch will er an dieser Stelle nur die nähere Beziehung hervorheben, in welcher der Gemeinsinn zum Tastsinn steht; er sagt nämlich nicht: der Gemeinsinn ist der Tastsinn, sondern: er ist am meisten mit dem Tastsinn verbunden [5]). Ganz entschieden verwirft er in den Büchern von der Seele die Ansicht, das Fleisch sei das letzte Organ, mit dem wir die Unterschiede der verschiedenartigen Sinnesobjekte beurtheilten; denn dann müsste diese Beurtheilung ja gemäss der Wirkungsweise des Tastsinns geschehen, also durch Berührung [6]). — Ebensowenig ist es aber möglich, jene Unterschiede mit beiden betreffenden Sinnen in ihrer Getrenntheit wahrzunehmen [7]); denn das wäre gerade so, als

---

1) de an. III, 2, 10. 426 b 14: ἀνάγκη δὴ αἰσθήσει· αἰσθητὰ γάρ ἐστιν.

2) de somno 2. 455 a 17: καὶ κρίνει δὴ καὶ δύναται κρίνειν ὅτι ἕτερα τὰ γλυκέα τῶν λευκῶν οὔτε γεύσει οὔτε ὄψει οὔτ' ἀμφοῖν, ἀλλά τινι κοινῷ μορίῳ τῶν αἰσθητηρίων ἁπάντων.

3) de somno 2. 455 a 20: ἔστι μὲν γὰρ μία αἴσθησις, καὶ τὸ κύριον αἰσθητήριον ἕν· τὸ δ' εἶναι αἰσθήσει τοῦ γένους ἑκάστου ἕτερον, οἶον ψόφου καὶ χρώματος. τοῦτο δ' ἅμα τῷ ἁπτικῷ μάλισθ' ὑπάρχει· τοῦτο μὲν γὰρ χωρίζεται τῶν ἄλλων αἰσθητηρίων, τὰ δ' ἄλλα τούτου ἀχώριστα.

4) Vgl. Anm. 3 u. 5. — Bonitz, Aristot. Studien, a. a. O. XLII, S. 39 Anm. Kampe a. a. O. S. 92 ff.

5) de somno 2. 455 a 22: τοῦτο δ' ἅμα τῷ ἁπτικῷ μάλιστα ὑπάρχει.

6) de an. III, 2, 11. 426 b 15: ᾗ καὶ δῆλον ὅτι ἡ σὰρξ οὐκ ἔστι τὸ ἔσχατον αἰσθητήριον· ἀνάγκη γὰρ ἂν ᾖ ἁπτόμενον αὐτοῦ [nämlich τοῦ αἰσθητοῦ, vgl. Trendelenburg a. a. O. S. 443] κρίνειν τὸ κρῖνον. Warum Aristoteles hier gerade speciell den Tastsinn berührt, und nicht die übrigen Sinne, erklärt sich aus der oben bezeichneten innigen Verbindung zwischen dem Tastsinne und der fraglichen Urtheilskraft. Deshalb bedarf es nicht der künstlichen Erklärung Trendelenburg's (de an. 442—43), Aristoteles weise nebenbei die Ansicht zurück, die Wahrnehmung sei ein rein materieller Vorgang, sowie der sonderbaren des Themistius (II, pag. 156, 23 ff. Spengel), die das ἔσχατον ganz verkehrt versteht.

7) de an. III, 2, 11. 426 b 17: οὔτε δὴ κεχωρισμένοις ἐνδέχεται κρίνειν ὅτι

wenn zwei verschiedene Menschen, der eine das Süsse, der andere das Weisse wahrnähmen [1]; vielmehr muss es ein und dasselbe Subjekt sein, welches beide Objekte erkennt, wenn anders es ihre Verschiedenheit auffassen soll [2]. Ebenso muss die Wahrnehmung beider Objekte in einen **einheitlichen Zeitmoment fallen**. In derselben Zeit nämlich, wo man den einen von zwei Gegensätzen als verschieden erkennt, erkennt man auch die Verschiedenheit des andern [3]. Aber lassen sich diese Forderungen erfüllen? Ein und dasselbe Subjekt kann doch nicht als untheilbares und zur selben Zeit verschiedene Veränderungen erleiden [4]? Das aber müsste ja der Fall sein, wenn dasselbe Subjekt zur selben Zeit verschiedene Objekte wahrnähme, wie dies erforderlich ist, um dieselben mit einander vergleichen zu können [5].

ἕτερον τὸ γλυκὺ τοῦ λευκοῦ. Vgl. b 22—23 und de somno 2. 455 a 19 (S. 67, Anm. 2).

1) de an. III, 2, $_{11}$. 426 b 19: οὕτω μὲν γὰρ κἂν εἰ τοῦ μὲν ἐγὼ τοῦ δὲ σὺ αἴσθοιο, δῆλον ἂν εἴη ὅτι ἕτερα ἀλλήλων.

2) de an. III, 2, $_{11}$. 426 b 20: δεῖ δὲ τὸ ἓν λέγειν ὅτι ἕτερον· ἕτερον γὰρ τὸ γλυκὺ τοῦ λευκοῦ. λέγει ἄρα τὸ αὐτό.

3) de an. III, 2, $_{12}$. 426 b 23: ὅτι δ᾽ οὐδ᾽ ἐνὶ ἐν κεχωρισμένῳ χρόνῳ (οἷόν τε κρίνειν τὰ κεχωρισμένα), ἐντεῦθεν (δῆλον). ὥσπερ γὰρ τὸ αὐτὸ λέγει ὅτι ἕτερον τὸ ἀγαθὸν καὶ τὸ κακόν, οὕτω καὶ ὅτε θάτερον λέγει ὅτι ἕτερον, καὶ θάτερον, οὐ κατὰ συμβεβηκὸς τὸ ὅτε· λέγω δ᾽ οἷον νῦν λέγω ὅτι ἕτερον, οὐ μέντοι ὅτι νῦν ἕτερον· ἀλλ᾽ οὕτω λέγει καὶ νῦν καὶ ὅτι νῦν· ἅμα ἄρα. ὥστε ἀχώριστον καὶ ἐν ἀχωρίστῳ χρόνῳ. Vgl. Trendelenburg a. a. O. S. 444 ff., und Themistius II, pag. 157, 21 ff. Philoponus bei Trendelenburg (de an. S. 445): καὶ τὸ κακὸν ἄρα ὅτε λέγει διαφέρειν τοῦ ἀγαθοῦ ἐν τῷ αὐτῷ χρόνῳ τοῦ πρώτου λέγει. νῦν γὰρ λέγει ἄμφω καὶ νῦν κατὰ τὸ κύριον [νῦν] καὶ οὐ κατὰ συμβεβηκός, ὅταν τὸ πάλιν γενόμενον νῦν εἴπῃ γενέσθαι· οἷον ἐπειδὴ νῦν ἤκουσα· νῦν ἐγένετο τὰ Τρωϊκά. λέγεται δὲ καὶ κυρίως νῦν, ὅταν τὸ νῦν γενόμενον νῦν ἴδω.

4) de an. III, 2, $_{13}$. 426 b 29: ἀλλὰ μὴν ἀδύνατον ἅμα τὰς ἐναντίας κινήσεις κινεῖσθαι τὸ αὐτὸ ᾗ ἀδιαίρετον καὶ ἐν ἀδιαιρέτῳ χρόνῳ. εἰ γὰρ γλυκύ, ὡδὶ κινεῖ τὴν αἴσθησιν ἢ τὴν νόησιν, τὸ δὲ πικρὸν ἐναντίως καὶ τὸ λευκὸν ἑτέρως. de sensu 7. 447 b 17: ἀλλὰ κατὰ μίαν δύναμιν καὶ ἄτομον χρόνον μίαν ἀνάγκη εἶναι τὴν ἐνέργειαν· μιᾶς γὰρ εἰσάπαξ μία κίνησις καὶ χρῆσις, μία δὲ ἡ δύναμις. οὐκ ἄρα ἐνδέχεται δυεῖν ἅμα αἰσθάνεσθαι τῇ μιᾷ αἰσθήσει. ἀλλὰ μὴν εἰ τὰ ὑπὸ τὴν αὐτὴν αἴσθησιν ἅμα ἀδύνατον, ἐὰν ᾖ δύο, δῆλον ὅτι ἧττον ἔτι τὰ κατὰ δύο αἰσθήσεις ἐνδέχεται ἅμα αἰσθάνεσθαι, οἷον λευκὸν καὶ γλυκύ.

5) Trendelenburg (a. a. O. S. 445. — ähnlich Brandis, Handbuch u. s. w. II² 1120) denkt mit Unrecht auch an die Frage nach der gleichzeitigen Möglichkeit mehrerer Wahrnehmungen in ein und demselben Einzelsinne: „Id quidem patet, quaestionem non solum sensum communem spectare, sed etiam ad singulos quosque redire. Amarum enim et dulce, de quibus tamquam contrariis exemplum

Sehr nahe liegt eine Lösung, die an andern Stellen ganz treffend war [1]), nämlich die, das wahrnehmende Subjekt sei zwar numerisch eins und ungetheilt, dem Sein oder Begriffe nach aber getheilt [2]). Das Verhältniss wäre dann in der Weise zu denken, dass ein und dasselbe Subjekt vermöge seiner Getheiltheit die verschiedenen Objekte aufnehme, dagegen vermöge seiner örtlichen und numerischen Ungetheiltheit dieselben zur Einheit zusammenfasse und mit einander vergleiche [3]).

Doch, „eines schickt sich nicht für alle", und so angebracht diese Lösung an andern Stellen sein mag, hier erscheint sie als unmöglich. Ein und dasselbe Subjekt befindet sich nämlich allerdings in der **Möglichkeit** zu zwei Gegensätzen, kann dieselben aber der nothwendiger Weise eine Trennung herbeiführenden **Wirklichkeit** nach ebenso wenig im intentionalen Gebiete, d. h. dem Wahrnehmen und Denken, zugleich aufnehmen, als in der physischen Welt dieselbe Fläche etwa zugleich weiss und schwarz sein kann [4]).

loquitur, non ad sensum quidem communem utpote singulos inter so sensus comparantem pertinet, sed a solo gustu suscipitur." Letzteres ist allerdings richtig, beweist aber nichts. Denn darum handelt es sich gerade, ob der gemeinsame Sinn die Objekte verschiedener Sinne zugleich wahrnehmen könne, und hätte Aristoteles nun gerade solche Objekte als Beispiel angegeben, so wäre das eine offenbare petitio principii gewesen. Die Worte wollen eben nur den allgemeinen Satz, ein und dasselbe untheilbare Subjekt könne nicht zu gleicher Zeit verschiedene Veränderungen erleiden, durch ein Beispiel erläutern.

1) So fasst den Uebergang auch Themistius. Er bemerkt (II, pag. 158, 18 ff.): ἆρ' οὖν ἱκανὸν καταφυγεῖν εἰς ἐκεῖνον αὖθις τὸν λόγον τὸν λέγοντα τὴν δύναμιν τὴν αἰσθητικὴν εἰς ἣν πᾶσαι αἱ τῶν αἰσθητηρίων εἰσαγγελίαι διαπέμπονται, μίαν μὲν εἶναι τῷ ἀριθμῷ καὶ τῷ ὑποκειμένῳ, τῷ λόγῳ δὲ πλείους; ἐπὶ πολλῶν γὰρ οὗτος ὁ λόγος πολλὰς διέλυσεν ἡμῖν ἀπορίας.

2) de an. III, 2, 13. 427 a 2: ἆρ' οὖν ἅμα μὲν καὶ ἀριθμῷ ἀδιαίρετον καὶ ἀχώριστον τὸ κρῖνον, τῷ εἶναι δὲ κεχωρισμένον;

3) de an. III, 2, 13. 427 a 3: ἔστι δή πως ὡς τὸ διαιρετὸν τῶν διῃρημένων αἰσθάνεται, ἔστι δ' ὡς ᾗ ἀδιαίρετον· τῷ εἶναι μὲν γὰρ διαιρετόν, τόπῳ δὲ καὶ ἀριθμῷ ἀδιαίρετον.

4) de an. III, 2, 11. 427 a 5: ἢ οὐχ οἷόν τε; δυνάμει μὲν γὰρ τὸ αὐτὸ καὶ ἀδιαίρετον τἀναντία [diese Lesart Bekkers und Trendelenburgs scheint mir besser beglaubigt als Torstriks τὸ αὐτὸ διαιρετὸν καὶ ἀδιαίρετον τῷ κτλ. Wie leicht konnte zudem ἀδιαίρετον Glossem zu dem missverstandenen τἀναντία sein!], τῷ δ' εἶναι οὐ, ἀλλὰ τῷ ἐνεργεῖσθαι διαιρετόν, καὶ οὐχ οἷόν τε ἅμα λευκὸν καὶ μέλαν εἶναι, ὥστ' οὐδὲ τὰ εἴδη πάσχειν αὐτῶν, εἰ τοιοῦτον ἡ αἴσθησις καὶ ἡ νόησις [d. h. wenn das Wahrnehmen und Denken in einem leidenden Aufnehmen der blossen Formen der Dinge an sich besteht]. Vgl. dazu Themistius (II, pag. 158, 27 ff. Spengel): δυνάμει μὲν γὰρ ταὐτὸν καὶ διαιρετὸν εἶναι καὶ ἀδιαίρετον ἴσως οὐδὲν θαυμαστόν... ἀλλ' ἐνεργεῖν γε ἅμα κατ' ἄμφω τὰ ἐναντία ἀδύνα-

„Vielmehr (ist es so), wie das, was einige Punkt nennen, in wie weit es eins und zwei, in so weit auch ungetheilt und getheilt ist. In so weit es nun ungetheilt ist, ist das Urtheilende eins und zugleich, in so weit es aber als ein Getheiltes existirt, nicht eins; denn zweimal gebraucht es ein und dasselbe Zeichen zugleich. In so weit es nun der Grenze als zweier sich bedient, unterscheidet es zwei Objekte, und diese sind getrennt wie für ein Getrenntes; in so weit es ein Eines ist, urtheilt es mit einem Einen und zur selben Zeit"[1]).

In Betreff eines Ausdrucks dieser Stelle hat zuerst Brentano die richtige Erklärung gegeben[2]). Bei den Worten des Aristoteles: „das was einige Punkt nennen" dachten nämlich die frühern Erklärer[3]) an einen wirklichen Punkt, und zwar theils an das Centrum des Kreises[4]), theils an einen zwei Linien verknüpfenden Punkt[5]). Doch, was könnte dann sonderbarer sein, als die Bezeichnung: „das, was einige Punkt nennen" (ἥν καλοῦσί τινες στιγμήν)[6]).

τον, ἀλλ' ἀνάγκη τὰς διαφερούσας ἐνεργείας ἢ τῷ χρόνῳ διῃρημένας ἢ τοῖς ἐνεργοῦσιν [entweder der Zeit, oder den Subjekten nach getrennt] ὑπάρχειν. οὕτως οὖν οὐδὲ τὰ εἴδη παραδέχεσθαι ἅμα τὰ ἐναντία δυνατόν, εἰ τοιοῦτον ἡ αἴσθησις καὶ ἡ νόησις, ὡς δέχεσθαι τὰ εἴδη τῶν αἰσθητῶν ἢ τῶν νοητῶν.

1) de an. III, 2, 15. 427 a 9: ἀλλ' ὥσπερ ἦν καλοῦσί τινες στιγμήν, ᾗ μία καὶ ᾗ δύο, ταύτῃ καὶ ἀδιαίρετος καὶ διαιρετή· ᾗ μὲν οὖν ἀδιαίρετον, ἓν τὸ κρῖνόν ἐστι καὶ ἅμα, ᾗ δὲ διαιρετὸν ὑπάρχει, οὐχ ἕν· δὶς γὰρ τῷ αὐτῷ χρῆται σημείῳ ἅμα. ᾗ μὲν οὖν [ὡς setzt Torstrik hinzu, wie schon Trendelenburg de an. S. 448] δυσὶ χρῆται τῷ πέρατι, δύο κρίνει καὶ κεχωρισμένα ἐστὶν ὡς κεχωρισμένῳ. ᾗ δ' ἕν, ἑνὶ καὶ ἅμα.
2) Brentano a. a. O. S. 91 f. Ihm folgt auch Schell a. a. O. S. 183.
3) Z. B. Themistius II, pag. 159, 8 ff. Alexander Aphrod. ἀπορίαι καὶ λύσεις III, 9. (Trendelenburg, de an. pag. 447 ff.).
4) So die griechischen Exegeten.
5) Trendelenburg, de an. pag. 447:... Sed haec, quamvis vera sint, ab instituto remota [die ältern Erklärungen, welche die Stelle auf das Kreiscentrum bezogen]. Non id agitur, ut sensus communis ratio aliqua similitudine proponatur, sed solummodo, ut dialectica, quae mota est, difficultas tollatur. Ubinam στιγμή per se simplex centrum est? — Si centrum acciperetur, minus quadraret ᾗ δύο, et postea δὶς τῷ αὐτῷ χρῆται σημείῳ; cur enim duo tantum, quum centrum ad innumeros radios pertineat; minus etiam conveniret πέρατι; centrum non tam terminus est radiorum, quam omnium principium (ἀρχή). Itaque praeclara imagine, ne aliena immisceantur, relicta, in simili puncto acquiescendum est. Punctum enim non solummodo unum est, sed, ut motu in lineam abit, ita simul et terminus et initium duo dividit.
6) Die Konjektur Trendelenburgs: ἀλλ' ὥσπερ ἓν καλοῦσί τινες στιγμήν (a. a. O. S. 448) hat gegenüber der Uebereinstimmung aller Handschriften keine Gewähr und ist von Torstrik stillschweigend aufgegeben.

Wir werden deshalb mit Brentano unter diesen Worten die Zeitgegenwart, das Jetzt, auf das überhaupt in der ganzen Entwicklung so grosses Gewicht gelegt wird [1]), zu verstehen haben. Wie der Punkt als ein ungetheilter Theil der Linie [2]), die sich an beiden Seiten anschliessende [3]) Längenausdehnung zusammenhält und begrenzt, indem er der Anfang des einen Theils und das Ende des andern ist [4]), so verknüpft auch das Jetzt die Zeit, indem es, als ein ungetheilter Punkt derselben in der Mitte zwischen der nach beiden Seiten sich anschliessenden [5]) Vergangenheit und Zukunft liegend, den Ausgangspunkt dieser und das Ende jener bildet [6]).

---

1) Vgl. 426 b 28, wo das νῦν ausdrücklich genannt ist.

2) de caelo III, 1. 300 a 14: τὸ γὰρ νῦν τὸ ἄτομον οἷον στιγμὴ γραμμῆς ἐστιν.

3) phys. VI, 1. 231 b 9: στιγμῶν δ'ἀεὶ τὸ μεταξὺ γραμμὴ καὶ τῶν νῦν χρόνος.

4) phys. IV, 11. 220 a 10: καὶ γὰρ ἡ στιγμὴ καὶ συνέχει τὸ μῆκος, καὶ ὁρίζει· ἔστι γὰρ τοῦ μὲν ἀρχὴ τοῦ δὲ τελευτή.

5) phys. IV, 11. 220 a 4: καὶ συνεχής τε δὴ ὁ χρόνος τῷ νῦν, καὶ διῄρηται κατὰ τὸ νῦν [vgl. metaph. IX, 2. 1060 b 14: τομαὶ δὲ καὶ διαιρέσεις ... αἱ ... στιγμαὶ γραμμῶν]· ἀκολουθεῖ γὰρ καὶ τοῦτο τῇ φορᾷ καὶ τῷ φερομένῳ· καὶ γὰρ ἡ κίνησις καὶ ἡ φορὰ μία τῷ φερομένῳ, ὅτι ἕν, καὶ οὐχ ὅ ποτε ὄν [= τὸ ὑποκείμενον ὅ τι δή ποτέ ἐστιν. Torstrik, Rheinisches Mus. f. Philol. N. F. XII. S. 161 ff., bes. S. 171 und Komment. zu de an. S. 171.], (καὶ γὰρ ἂν διαλίποι), ἀλλὰ τῷ λόγῳ. καὶ γὰρ ὁρίζει τὴν πρότερον καὶ ὕστερον κίνησιν τοῦτο. Vgl. Brandis, Handbuch u. s. w. II² 777.

6) phys. VII, 1. 251 b 19: εἰ οὖν ἀδύνατόν ἐστι καὶ εἶναι καὶ νοῆσαι χρόνον ἄνευ τοῦ νῦν, τὸ δὲ νῦν ἐστι μεσότης τις, καὶ ἀρχὴν καὶ τελευτὴν ἔχον ἅμα, ἀρχὴν μὲν τοῦ ἐσομένου χρόνου, τελευτὴν δὲ τοῦ παρεληλυθότος κτλ. Ebend. IV, 13. 222 a 10: τὸ δὲ νῦν ἐστι συνέχεια χρόνου ... συνέχει γὰρ τὸν χρόνον τὸν παρελθόντα καὶ ἐσόμενον, καὶ ὅλως πέρας χρόνου ἐστίν· ἔστι γὰρ τοῦ μὲν ἀρχὴ τοῦ δὲ τελευτή. ἀλλὰ τοῦτ' οὐχ ὥσπερ ἐπὶ τῆς στιγμῆς μενούσης φανερόν. Vgl. Brandis, Handbuch u. s. w. II², 771.

Wenn Aristoteles phys. III, 11. 220 a 9 sagt: ἀκολουθεῖ δὲ καὶ τοῦτό πως τῇ στιγμῇ· καὶ γὰρ ἡ στιγμὴ καὶ συνέχει τὸ μῆκος καὶ ὁρίζει ... ἀλλ' ὅταν μὲν οὕτω λαμβάνῃ τις ὡς δυσὶ χρώμενος τῇ μιᾷ, ἀνάγκη ἵστασθαι, εἰ ἔσται ἀρχὴ καὶ τελευτὴ ἡ αὐτὴ στιγμή. τὸ δὲ νῦν διὰ τὸ κινεῖσθαι τὸ φερόμενον ἀεὶ ἕτερον — so will das gewiss nichts anderes sagen, als dass wir das Jetzt nicht in verweilender Betrachtung als Endpunkt der Vergangenheit und Ausgangspunkt der Zukunft zugleich erfassen könnten; denn das ergibt sich allerdings aus der Thatsache, dass das Jetzt nicht, wie der Punkt, stetig vor unsern Augen bleibt, sondern mit Blitzesschnelle entschwunden ist.

Der Sinn der Stelle ist dann wol folgender. Wie [1]) das Jetzt eins zugleich und getheilt ist nach seiner doppelten Funktion als einheitliche Verknüpfung von Vergangenheit und Zukunft einerseits und als Endpunkt jener und Ausgangspunkt dieser anderseits, so ist auch der innere Sinn nach der doppelten Beziehung, welche seine Thätigkeit [2]) in Einheit umfasst, ein einer zugleich und ein getheilter. Ein und dieselbe Thätigkeit desselben stellt sich nämlich dar als die Verknüpfung zweier Vorstellungen in einer höhern Einheit [3]). Insoweit diese Einheit nun beide Einzelvorstellungen (wie etwa die Konklusion beide Prämissen) der Kraft nach einschliesst und also als eine und dieselbe doppelt gefasst wird, beurtheilt das Subjekt verschiedene Objekte und diese sind gesondert für jenes als für ein selbst gewissermassen Gesondertes und Getheiltes [4]); insoweit jene Einheit aber als Einheit erfasst wird, kommt auch dem erkennenden Vermögen die Einheit zu [5]). Es wird also von Aristoteles die zuerst versuchte Lösung, dass das Subjekt der Zahl nach eins, dem Sinn nach aber verschieden sei, zwar nicht geradezu umgeworfen, aber doch wesentlich modificirt [6]) indem er lehrt, dass dem Subjekte die begriffliche Verschiedenheit nicht zukomme kraft seiner Wesensbeschaffenheit, sondern kraft der eigenthümlichen Natur seiner Thätigkeit [7]).

---

1) Brentano a. a. O. S. 92. hat die Bedeutung des Jetzt allzu sehr urgirt und fasst die Worte des Aristoteles in dem Sinne, als lasse er mit Aufgebung der Gleichzeitigkeit der Vorstellungen im Augenblicke ihres Wechsels die Unterscheidung stattfinden. Allein schon das ὥσπερ im Anfange des Satzes beweist, dass wir es hier nur mit einem Beispiele zu thun haben; und dass auch aus andern Gründen jene Annahme mit dem System des Aristoteles unvereinbar sei, hat Scholl a. a. O. S. 185 ff. dargethan.

2) Denn dass gerade auf die Thätigkeit das Hauptgewicht zu legen ist, gibt die nachdrückliche Betonung des χρῆσθαι τῷ πέρατι an der fraglichen Stelle nicht undeutlich zu erkennen.

3) Denn: δὶς γὰρ τῷ αὐτῷ χρῆται σημείῳ ἅμα. 427a 12—13. Die Vorstellung des Unterschiedes mehrerer Objekte ist ja nicht die Summe der Einzelvorstellungen, sondern ihr Produkt. Vgl. Schell a. a. O. S. 173 ff.

4) a. a. O. 427a 13—15.

5) a. a. O. 427a 14—15.

6) Die Bemerkung Kampe's zu der ersten Lösung (a. a. O. S. 108 Anm. 1): „nicht die falsa (Pacius l. l. p. 349), sondern die wahre solutio; die Antwort ist: ja natürlich!" scheint mir nicht das Rechte zu treffen. Vgl. Scholl a. a. O. S. 182.)

7) Kampe a. a. O. S. 109 Anm.: „der begriffliche Unterschied ist der Unterschied der Thätigkeiten [— besser der Thätigkeit —] der innern Einen."

Aehnlich ist die Darstellung der Sache, welche Aristoteles im siebenten Kapitel des dritten Buches von der Seele gibt. „Womit (die Seele) beurtheilt, worin sich das Süsse und Warme unterscheiden, das ist zwar früher schon gesagt, mag aber noch auf folgende Weise erklärt werden. Es gibt nämlich ein gewisses Eines [1]) — so ist aber auch der Punkt und überhaupt die Grenze —. Und auch jene Wahrnehmungen [2]) sind eins nach der Beziehung und dem Verhältnisse [3]), wie es jene (die entsprechenden äussern Objekte) zu einander haben. Denn welcher Unterschied besteht zwischen der Schwierigkeit, wie (die Seele) nicht homogene [4]) Objekte beurtheilt oder die entgegengesetzten (also homogene), wie das Weisse und Schwarze? Es verhalte sich also wie A — das Weisse — zu B — dem Schwarzen, so auch C zu D [das subjektive Paar, die Vorstellungen des Weissen und Schwarzen [5]), während A und B das objektive Paar bezeichnen], so

---

[1] Was Scholl a. a. O. S. 174 auf die Thätigkeit, nicht auf das Vermögen selbst bezieht.

[2] So fasst das ταῦτα auch Simplicius de an. fol. 75 (bei Trendelenburg de an. p. 515): „ταῦτα" λέγει γλυκὺ καὶ θερμόν, δι' ὧν ἁπλῶς ἅπαντα τὰ αἰσθητὰ ἐνδείκνυται. ταῦτα οὖν ἓν ἢ ἀναλογίᾳ ἢ ἀριθμῷ, ὃ ἔχει πρὸς ἑκάτερον ἢ ἐκεῖνα πρὸς ἄλληλα, ἐπειδὴ τὸ γνωστικὸν τῷ γνωστῷ ὁρίζεται, ὡς πολλάκις ὑπ' αὐτοῦ διώρισται. Ebenso Kampe a. a. O. S. 108 Anm. 3: „Es gebe, sagt er..., ein gewisses Einheitliches und in diesem Einheitlichen seien auch die verschiedenen Wahrnehmungen eins."

[3] Scholl a. a. O. S. 184: „Die Einheit, von welcher Aristoteles ausgeht, ist die Einheit der Beziehung oder der Analogie nach. Diese besteht unter zwei Objekten, welche vom Sinne aufgenommen werden. Diese Einheit der Beziehung ist nichts reales (wenigstens nicht nothwendig), ausser insofern ihre Fundamente real sind. Wenn also eine solche Einheit der Beziehung in der Seele erscheint, so wird zwischen der Proportion von Objekt und Bild diese Einheit auch wirklich sein." Andere Auffassungen von Kampe (a. a. O. S. 108 Anm. 3), Brentano (a. a. O. S. 94 Anm. 49), Trendelenburg (a. a. O. S. 516), Torstrik (a. a. O. S. 200). — Die des Simplicius und Philoponus bei Trendelenburg a. a. O. — Themistius überschlägt 431 a 15—b 1 τὸ λευκὸν in seiner Paraphrase (die Lücke ist II, 209, 13 Spengel nicht bezeichnet).

[4] μὴ ὁμογενῆ Torstrik nach L S U X (E hat von 430 a 23—431 b 16 eine Lücke). Philoponus und Sophonias (Themistius, wie schon erwähnt, überschlägt die Stelle in seiner Paraphrase), während Bekker und Trendelenburg mit P T V W und Simplicius das μὴ fallen lassen. Auf μὴ ὁμογενῆ führt auch die Uebersetzung des Wilhelm von Moerbeeke: Quid enim differt, non homogenea iudicare aut contraria, und diese Lesart wird durch das folgende τὰ ἐναντία, worunter, wie das beigefügte Beispiel des Weissen und Schwarzen beweist, Objekte verstanden werden, die derselben Art angehören, deutlich gefordert.

[5] Wenn überhaupt, woran nach dem ganzen Zusammenhange nicht gezweifelt

dass mithin die Proportion auch wechselsweis gilt [1]). Wenn nun CD in einem Einzigen (S. 73. Anm. 1.) vorhanden ist, so wird es sich verhalten wie AB, als ein und dasselbe zwar, aber ohne dass das Sein dasselbe ist, und jenes [2]) in gleicher Weise. Dasselbe gilt auch, wenn A das Süsse, B das Weisse bezeichnet" [3]).

Die Seele erkennt mithin die objektiven Beziehungen zwischen den verschiedenen Sinnesqualitäten, auf denen ihre Vergleichung und Unterscheidung beruht, dadurch, dass sie in einem einheitlichen Akte, welcher durch das Zusammenlaufen der betreffenden Einzelvorstellungen [4]) entsteht, die Beziehungen der entsprechenden subjektiven Affektionen wahrnehmend erfasst.

Findet also die Vergleichung der Objekte der verschiedenen Sinne in einem Akte statt, der die besondern Akte in sich vereinigt, so muss sie auch mit einem Vermögen geschehen, in dem als einer gemeinsamen Mitte die Akte der Einzelsinne zusammenlaufen. Eine solche gemeinsame Mitte, auf die sich die Erregungen der einzelnen Sinne schliesslich fortpflanzen, erkennt nun Aristoteles wirklich an [5]), und es

---

werden kann, an unserer Stelle die Einheit zweier Vorstellungen behandelt wird, so müssen dieselben doch auch in der Entwicklung vorkommen. Deshalb ist bei C und D nicht mit Torstrik (a. a. O. 200) an „dulce calidum cet.", resp. „amarum frigidum cet." zu denken, sondern mit Kampe a. a. O. an die subjektiven Glieder, die Vorstellungen. Vgl. Philoponus bei Trendelenburg de an. pag. 517: στοιχεῖα λαμβάνειν νῦν. πρῶτον μὲν δηλοῦν τὸ λευκόν, δεύτερον δὲ τὸ μέλαν, ποτὲ δὲ καὶ τὸ γλυκύ. τὸ δὲ τρίτον καὶ τέταρτον ἀντὶ νοητῶν λαμβάνειν· ἵνα ᾖ τὸ μὲν τρίτον ὁ λόγος τοῦ λευκοῦ, τὸ δὲ τέταρτον ὁ λόγος τοῦ μέλανος. Ebenso Thomas von Aquin, tom. III. de an. fol. 48ᵃ H.

1) d. h. A: C = B: D.
2) Nach Brentano a. a. O. S. 94. Anm. 49 dem ὥστε καὶ ἐναλλάξ entsprechend.
3) de an. III, 7, ₄. 431 a 20: τίνι δ' ἐπικρίνει τί διαφέρει γλυκὺ καὶ θερμόν, εἴρηται μὲν καὶ πρότερον, λεκτέον δὲ καὶ ὧδε. ἔστι γὰρ ἕν τι· οὕτω δὲ καὶ ἡ στιγμὴ καὶ ὅλως ὁ ὅρος. καὶ ταῦτα ἓν τῷ ἀνάλογον καὶ τῷ ἀριθμῷ, ὃν ἔχει πρὸς ἑκάτερον, ὡς ἐκεῖνα πρὸς ἄλληλα. τί γὰρ διαφέρει τὸ ἀπορεῖν πῶς τὰ μὴ ὁμογενῆ κρίνει ἢ τὰ ἐναντία, οἷον λευκὸν καὶ μέλαν; ἔστω δὴ ὡς τὸ Α τὸ λευκὸν πρὸς τὸ Β τὸ μέλαν τὸ Γ πρὸς τὸ Δ [ὡς ἐκεῖνα πρὸς ἄλληλα] (hier, nicht a 23, wie Torstrik will, scheinen mir die eingeklammerten Worte an die unrichtige Stelle gerathen zu sein)· ὥστε καὶ ἐναλλάξ· εἰ δὴ τὰ ΓΔ ἑνὶ εἴη ὑπάρχοντα, οὕτως ἕξει ὥσπερ καὶ [Torstrik: κἂν εἰ] τὰ ΑΒ, τὸ αὐτὸ μὲν καὶ ἕν, τὸ δ' εἶναι οὐ τὸ αὐτό· κἀκεῖνο [Torstrik: κἀκεῖνα] ὁμοίως. ὁ δ' αὐτὸς λόγος καὶ εἰ τὸ μὲν Α τὸ γλυκὺ εἴη, τὸ δὲ Β τὸ λευκόν.
4) de an. III, 7, ₄. 431 a 21: ἔστι γὰρ ἕν τι· οὕτω δὲ καὶ ἡ στιγμὴ καὶ ὅλως ὁ ὅρος. Vgl. S. 73 Anm. 1.
5) de an. II, 7, ₃. 431 a 17: ὥσπερ δὲ ὁ ἀὴρ τὴν κόρην τοιανδὶ ἐποίησεν,

ist mithin diese Mitte oder der Gemeinsinn [1]), welcher im Unterschiede zu den auf eine einzige Gattung beschränkten Einzelsinnen alle sinnlichen Eigenschaften der Dinge wahrnimmt, die einen auf diesem, die andern auf jenem Wege, und die verschiedenartigsten Objekte mit einander vergleicht [2]).

3) Der innere Sinn als sinnliches Bewusstsein.

Gegen die im Vorigen entwickelte Lehre des Aristoteles lässt sich, so scheint es, aus seinen eigenen Principien ein Einwand erheben, der dieselbe in der That sofort umstossen würde [3]). Wenn ein und derselbe Sinn den Unterschied des Weissen und Süssen erkennen soll, so muss sowol die Empfindung des Weissen, als die des Süssen im Bereiche seiner Möglichkeit liegen, und die Folge hievon wäre die Nothwendigkeit, ein und demselben Sinn ein mehrfaches eigenthümliches Objekt zuzuschreiben. Wie aber lässt sich das mit dem Grundsatze des Aristoteles vereinbaren, dass jeder Sinn nur eine Gattung von Objekten wahrnehmen könne, und dass anderseits eine bestimmte Gattung von Objekten nur für einen einzigen Sinn das zustehende Gebiet ausmache?

Die Antwort hierauf ergibt sich aus der oben citirten Stelle des siebenten Kapitels des dritten Buches von der Seele [4]). Der innere Sinn geht nämlich bei seiner Beurtheilung und Vergleichung der verschiedenen sinnlichen Qualitäten direkt nicht auf das äussere Ding an sich, sondern auf die subjektiven Sinnesaffektionen, welche in der wahrnehmenden Seele selber sich befinden [5]), und erst die Proportion, in

---

αὕτη δ' ἕτερον, καὶ ἡ ἀκοὴ ὡσαύτως, τὸ δὲ ἔσχατον ἓν καὶ μία μεσότης…. Vgl. Trendelenburg de an. p. 199 f.

1) de vita 1. 467 b 28: ἐπεὶ οὖν τῶν ἰδίων αἰσθητηρίων ἕν τι κοινόν ἐστιν αἰσθητήριον, εἰς ὃ τὰς κατ' ἐνέργειαν αἰσθήσεις ἀναγκαῖον ἀπαντᾶν κτλ.

2) de sensu 7. 449 a 16: ὁμοίως τοίνυν θετέον καὶ ἐπὶ τῆς ψυχῆς τὸ αὐτὸ καὶ ἓν εἶναι ἀριθμῷ τὸ αἰσθητικὸν πάντων, τῷ μέντοι εἶναι ἕτερον καὶ ἕτερον τῶν μὲν γένει τῶν δὲ εἴδει. Vgl. Zeller, Philos. d. Griechen II³ S. 421. Absichtlich habe ich das siebte Kapitel der Schrift von der Wahrnehmung, das ebenfalls das einschlägige Thema behandelt, fast ganz unberücksichtigt gelassen, da dasselbe mit seinen mannigfachen kritischen und inhaltlichen Schwierigkeiten ein näheres Eingehen unbedingt erfordert, ein solches aber, „ne ex libello libor fiat", unstatthaft erscheint. Den Versuch einer Analyse gibt Scholl a. a. O. S. 190 ff.

3) Vgl. Brentano a. a. O. S. 90. S. 93.

4) S. 74. Anm. 3.

5) Wobei der innere Sinn aber immer ein rein sinnliches, d. h. auf sinnliche Objekte gehendes Vermögen bleibt. Denn einerseits sind die Akte der äussern

der diese zu den sinnlichen Qualitäten der Aussenwelt stehen, führt ihn zur Erkenntniss des Unterschieds zwischen den Affektionen, die dem Ding an sich zukommen. Dass aber die Sensationen als solche ein und derselben Gattung angehören, wird sich schwerlich in Abrede stellen lassen.

So hat sich uns eine neue, und wol die wesentlichste Seite des innern Sinnes erschlossen: er ist es, der uns unsere eigenen Sensationen erkennen und uns derselben bewusst werden lässt. Denn wenn die persönliche Erfahrung uns beweist, dass wir uns der Akte der Sinneswahrnehmung bewusst sind, so bleibt für die Erklärung dieses Faktums nur eine zweifache Möglichkeit: entweder ist der äussere Sinn selbst seiner Wahrnehmungen sich bewusst, der Gesichtssinn seines Sehens, der Gehörssinn seines Hörens — und dann wäre das Bewusstsein ein nothwendiges Accidens jedes Aktes der Wahrnehmung —, oder nicht — und in diesem Falle muss für die Erklärung des Bewusstseins ein besonderer innerer Sinn zu Hülfe genommen werden[1]). Ersteres aber ist nicht möglich. Denn da einerseits die Thätigkeit des Gesichtssinns im Sehen besteht, da anderseits nur die Farbe, resp. ein Gefärbtes gesehen werden kann, so müsste ja, wenn das Sehende selbst sein Sehen wahrnähme, dieses wahrgenommene Sehen etwas Gefärbtes sein[2]). Deshalb ergibt sich aus der Konsequenz des Aristotelischen Systemes

---

Sinneswahrnehmung, welche das Objekt des innern Sinnes bilden, nicht Akte der Seele allein, sondern Akte des einheitlich aus Leib und Seele bestehenden Ganzen (S. 18, Anm. 5), anderseits wird beim Akte der äussern Wahrnehmung der Sinn gewissermassen das äussere Objekt selber (S. 12, Anm. 4 und 5), das äussere Objekt aber schliesst zwar ein Allgemeines ein (die von Aristoteles zur innern Wesensform umgestaltete Platonische Idee), und dieses Allgemeine, nicht das Individuelle als Individuelles bildet Gegenstand der Sinneswahrnehmung (S. 14, Anm. 2, 6); allein das Objekt wirkt doch auf den Sinn ein, nicht in soweit das Allgemeine ein Allgemeines, sondern in soweit es örtlich und zeitlich individuirt und determinirt ist (S. 15, Anm. 1). So stellt sich in beiden Beziehungen der Akt der äussern Wahrnehmung als etwas auch in sich durchaus Sinnliches dar und es muss daher nach dem Aristotelischen Grundprincip des Bestimmtseins der Vermögen durch die Objekte auch der innere Sinn, dessen Objekte die Akte der äussern Wahrnehmung bilden, ein sinnliches, kein intellektuelles Vermögen sein.

1) de an. III, 2, 1. 425 b 12: ἐπεὶ δ' αἰσθανόμεθα ὅτι ὁρῶμεν καὶ ἀκούομεν, ἀνάγκη ἢ τῇ ὄψει αἰσθάνεσθαι ὅτι ὁρᾷ, ἢ ἑτέρᾳ. Verschiedene ältere und neuere Auffassungen der Lehre des Aristoteles bei Scholl a. a. O. S. 85 f.

2) de an. III. 2, 2. 425 b 17: ἔχει δ' ἀπορίαν· εἰ γὰρ τὸ τῇ ὄψει αἰσθάνεσθαι ἐστιν ὁρᾶν, ὁρᾶται δὲ χρῶμα, ἢ τὸ ἔχον (χρῶμα), εἰ ὄψεταί τις τὸ ὁρῶν, καὶ χρῶμα ἕξει τὸ ὁρῶν πρῶτον.

mit Nothwendigkeit die Annahme eines besondern Gemeinsinnes, der, mit allen Einzelsinnen verbunden, die Thätigkeiten derselben uns ins Bewusstsein erhebt; und in der That entscheidet sich auch Aristoteles in dieser Weise [1]).

Objekt dieses Gemeinnsinns sind also nicht die äussern Objekte — denn für die sind die äussern Sinne da —, sondern die Sensationen; die äussern Objekte nur in so weit, als jene Bilder derselben sind. Ausdrücklich zum Ueberflusse noch sagt Aristoteles dieses vom Gedächtnisse [2]), von dem nach seiner bestimmten Lehre der innere Sinn nicht real verschieden ist [3]).

Glaubten wir vorhin im Sinne des Aristoteles zu sprechen, wenn wir das Bewusstsein auf einen besonderen Sinn zurückführten, so steht anscheinend damit im Widerspruch, was Aristoteles in der Metaphysik sagt: „Es scheint aber die Wissenschaft, die Wahrnehmung, die Meinung und die Ueberlegung auf ein Anderes stets zu gehen, auf sich selbst aber nur nebenbei" [4]). Denn geht die Wahrnehmung auch nur nebenbei auf sich selbst, so ist ein besonderer Sinn des Bewusstseins überflüssig. — Allein die angeführte Stelle dürfte nicht zu sehr zu urgiren sein. Einmal wird hier der Wahrnehmung nur ganz nebenhin Erwähnung gethan (es handelt sich nämlich im ganzen Kapitel nur um das geistige Erkennen); ferner steht an der betreffenden Stelle kein Wort, das uns nöthigte, unter der Wahrnehmung nur die der äussern Sinne zu verstehen; wir können dabei ebenso gut an die Wahrnehmung in ihrer Totalität denken, und als solche schliesst sie allerdings das Bewusstsein mit ein; endlich ist die Möglichkeit nicht ausgeschlossen, dass mit jenen Worten eine bloss accidentelle Wahrnehmung bezeichnet werde, und in der That nimmt accidentell der

---

1) de somno 2. 455 a 15: ἔστι δέ τις καὶ κοινὴ δύναμις ἀκολουθοῦσα πάσαις, ᾗ καὶ ὅτι ὁρᾷ καὶ ἀκούει αἰσθάνεται [über die Tilgung des καὶ vor αἰσθάνεται, die durch den Sinn gefordert wird und in EY ihre Bestätigung findet, vgl. Bonitz, Aristotel. Studien III, a. a. O. XLII. S. 39. Schell a. a. O. 86 Anm. 2]. οὐ γὰρ δὴ τῇ γε ὄψει ὁρᾷ ὅτι ὁρᾷ.
2) de memor. 1. 450 b 11—451 a 11.
3) de memor. 1. 450 a 12: ἡ δὲ μνήμη καὶ ἡ τῶν νοητῶν οὐκ ἄνευ φαντάσματός ἐστιν. ὥστε τοῦ νοουμένου κατὰ συμβεβηκὸς ἂν εἴη, καθ' αὑτὸ δὲ τοῦ πρώτου αἰσθητικοῦ. 451 a 14: μνήμη .. τοῦ πρώτου αἰσθητικοῦ καὶ ᾧ χρόνου αἰσθανόμεθα.
4) metaph. XI, 9. 1074 b 35: φαίνεται δ' ἀεὶ ἄλλου ἡ ἐπιστήμη καὶ ἡ αἴσθησις καὶ ἡ δόξα καὶ ἡ διάνοια, αὐτῆς δ' ἐν παρέργῳ. Scholl a. a. O. S. 86 beruft sich auf diese Stelle.

eine Sinn die Objekte des andern [1]), also auch wol der äussere Sinn die Objekte des innern wahr [2]).

II. Verhältniss des innern und der äussern Sinne.

1) Schell in seinen Untersuchungen über die Einheit des Seelenlebens nach den Principien des Aristoteles sucht der Nothwendigkeit, für das sinnliche Bewusstsein einen besondern Sinn annehmen zu müssen, dadurch zu entgehen, dass er den Empfindungsvorgang auch bei den sogenannten äussern Sinnen nicht in den äussern Organen, welchen vielmehr eine bloss vorbereitende Thätigkeit zukomme, vor sich gehen lässt, sondern erst in dem gemeinsamen innern Organe der Wahrnehmung, indem das sensitive Vermögen im Grunde nur ein einziges sei [3]), und er bemüht sich dann, diese Behauptung als mit den Aussprüchen des Aristoteles im Einklange stehend, ja als nothwendig durch dieselben gefordert zu erweisen [4]).

Doch dürfte sich dagegen manches erinnern lassen. Zwar könnte man, wenn Aristoteles sagt, durch die verschiedenen Organe brächten die Objekte die Sinnesempfindungen in uns hervor, und die von jenen herrührenden Affektionen blieben in den Organen nicht nur, so lange die Empfindung aktuell daure, sondern auch nach dem Aufhören derselben [5]), unter diesen Affektionen noch immerhin keine psychischen Phänomene, sondern rein organische Nachwirkungen verstehen, welche

---

1) de an. III, 1, 7. 425 a 30: τὰ δ' ἀλλήλων ἴδια κατὰ συμβεβηκὸς αἰσθάνονται αἱ αἰσθήσεις, οὐχ ᾗ αὐταί, ἀλλ' ᾗ μία.
2) wie auch Brentano a. a. O. S. 86 dieses zugesteht.
Zu beklagen ist, dass an der Hauptstelle, wo über das sinnliche Bewusstsein gehandelt wird, de an. III, 2., die Untersuchung sich in eine disputatio in utramque partem verliert, die ein bestimmtes Resultat anscheinend nicht mit Sicherheit erkennen lässt.
3) Schell a. a. O. S. 195: „... Es folgt also, dass das Organ, wodurch die Seele alles wahrnimmt, Eines ist als sensitives Organ; die verschiedenen äussern Organe aber sind nothwendig, weil die verschiedenen Wirkungsweisen der Körper durch verschiedene Qualitäten anders gebaute Organe verlangen." S. 196: „Der sensitive Theil ist demnach einer als Vermögen und daher nothwendig in einem Organe; die äusseren Organe dienen der Vermittlung und Disposition der Reize." Vgl. übrigens auch die Recensionen von M. H(einze) im Litterar. Centralbl. 1873. S. 1155 f. und von Susemihl im Jahresber. über die Fortschr. der klass. Alterthumswissenschaften 1873. Bd. I. S. 563 ff.
4) besonders a. a. O. S. 163—170.
5) de insomn. 2. 459 a 24: ... τὰ γὰρ αἰσθητὰ καθ' ἕκαστον αἰσθητήριον ἡμῖν ἐμποιοῦσιν αἴσθησιν, καὶ τὸ γινόμενον ὑπ' αὐτῶν πάθος οὐ μόνον ἐνυπάρ-

zur psychischen Erscheinung erst im Centralorgan gelangen [1]). Auch dann noch wäre diese Erklärung zulässig, wenn die Wahrnehmung als eine Bewegung der Seele beschrieben wird, die ihren Ausgangspunkt von den in den Organen befindlichen Affektionen oder Verharrungen nehme, während die Wiedererinnerung in einer zu jenen Verharrungen hinstrebenden Bewegung bestehe [2]). Schwieriger schon wird dieselbe bei Aussprüchen, wie, jede Wahrnehmung ($αἴσθησις$) vollziehe sich in dem betreffenden Organe, insoweit dieses Organ sei (nicht nach seiner rein stofflichen Seite)[3]); denn hier ist doch ausdrücklich von einer Wahrnehmung die Rede.

Wenn ferner Aristoteles die Behauptung aufstellt, das Fleisch sei nicht Organ des Tastsinns, sondern verhalte sich zu diesem (dem Herzen), wie das Durchsichtige zur Pupille [4]), so würde diese Analogie alle Bedeutung verlieren, wenn nicht das Auge geradeso für den Gesichtssinn der Sitz der wahrnehmenden Kraft ist, wie für den Tastsinn das Herz [5]).

χει ἐν τοῖς αἰσθητηρίοις ἐνεργουσῶν τῶν αἰσθήσεων, ἀλλὰ καὶ ἀπελθουσῶν. Ebend. 459 b 5: διὸ τὸ πάθος ἐστὶν οὐ μόνον ἐν αἰσθανομένοις τοῖς αἰσθητηρίοις, ἀλλὰ καὶ ἐν πεπαυμένοις, καὶ ἐν βάθει καὶ ἐπιπολῆς. Ebend. 3. 462 a 8: ... καὶ εἰσὶ κινήσεις φανταστικαὶ ἐν τοῖς αἰσθητηρίοις. obend. a. 12. de an. II, 2, 3. 425 b 23: τὸ γὰρ αἰσθητήριον δεκτικὸν τοῦ αἰσθητοῦ ἄνευ τῆς ὕλης ἕκαστον. διὸ καὶ ἀπελθόντων τῶν αἰσθητῶν ἔνεισιν αἱ αἰσθήσεις καὶ φαντασίαι ἐν τοῖς αἰσθητηρίοις.

1) Scholl a. a. O. S. 76.
2) de an. I, 4, 12. 408 b 15: ... τοῦτο δὲ μὴ ὡς ἐν ἐκείνῃ τῆς κινήσεως οὔσης, ἀλλ' ὅτὲ μὲν μέχρι ἐκείνης, ὁτὲ δ' ἀπ' ἐκείνης, οἷον ἡ μὲν αἴσθησις ἀπὸ τωνδί, ἡ δ' ἀνάμνησις ἀπ' ἐκείνης ἐπὶ τὰς ἐν τοῖς αἰσθητηρίοις κινήσεις ἢ μονάς.
3) de an. III, 2, 10. 426 b 8: ἑκάστη μὲν οὖν αἴσθησις τοῦ ὑποκειμένου αἰσθητοῦ ἐστιν, ὑπάρχουσα ἐν τῷ αἰσθητηρίῳ ᾗ αἰσθητήριον. de part. an. II, 1. 647 a 2: ὄντων δὲ τῶν μὲν ὀργανικῶν μερῶν τῶν δ' αἰσθητηρίων ἐν τοῖς ζῴοις, ... ἡ .. αἴσθησις ἐγγίγνεται πᾶσιν ἐν τοῖς ὁμοιομερέσι. Scholl a. a. O. S. 72 will diese Stelle durch den Hinweis auf den schwankenden Gebrauch des Wortes „Mitte" bei Aristoteles entkräften, das bald die gleichmässige mittlere Mischung des Stoffs, bald den Centralpunkt der sensitiven Kraft bezeichne. Letzteres ist allerdings richtig, beweist aber nichts, da an der obigen Stelle ganz klar ist, was gemeint sein soll. Hieher lässt sich auch ziehen de gener. an. V, 2. 781 a 31: ... διὰ τὸ ἐπὶ τῷ πνευματικῷ μορίῳ τὴν ἀρχὴν τοῦ αἰσθητηρίου εἶναι τοῦ τῆς ἀκοῆς.
4) de part. an. II, 8. 653 b. 24 ff. Für alle Sinne de an. II, 11, 9. 423 b. 17 ff. S. S. 55. Anm. 4.
5) Scholl a. a. O. S. 77. unternimmt es zwar, die obige Analogie als nicht aristotelisch zu erweisen, allein, wie ich S. 55. Anm. 4 darzulegen versucht habe, ohne hinreichenden Grund.

Ein weiteres Beweismoment bringen alle die Stellen herbei, an denen Aristoteles die Bewegung des Auges, nicht in so weit es feucht, sondern in so weit es durchsichtig ist, als ein Sehen bezeichnet[1]), und der Pupille selbst ein Sehen zuschreibt[2]). Denn wenn das Auge, die Pupille es ist, welchen das Sehen eignet, so kann dies nur deshalb sein, weil das psychische Princip, der Gesichtssinn in ihnen seinen Sitz hat. Zwar hat man hiegegen eingewandt, jene Stellen bewiesen darum nichts, weil dort von einem Leiden mit der Materie gesprochen werde, während doch die Sinnesvorstellung ein Leiden ohne Materie sei[3]). Allein dieser Einwand beruht auf einer Verwechslung der Materie des Subjekts mit der des Objekts. Wenn Aristoteles sagt, dass das Organ die sinnlichen Qualitäten ohne die Materie aufnehme[4]), so bezieht sich das auf die Materie, welche dem Objekte zukommt — dieses geht nur seiner Form, nicht seiner groben Materialität nach in die Seele ein —, nicht aber auf die Materie des Subjekts; denn ist die Wahrnehmung auch kein rein materieller Vorgang, so ist sie doch etwas nicht der Seele allein Angehöriges, sondern der Seele und dem Körper Gemeinschaftliches[5]).

Schlagend endlich ist die folgende Stelle: „Wenn das Auge ein lebendes Wesen wäre, so würde der Gesichtssinn seine Seele sein; denn dieser ist das begriffliche Wesen des Auges; das Auge selbst aber ist die Materie des Gesichtssinns, nach dessen Entweichen es nur mehr in homonymem Sinne Auge ist, wie das steinerne und das gemalte"[6]). Denn die Ausflucht, es handle sich hier nur um einen ungefähren Vergleich, bei dem, wie oft, im einzelnen nicht allzu viel Strenge zu suchen sei[7]), ein Auskunftsmittel, das wol zulässig wäre, wenn an unserer Stelle das Informirtsein des Organs vom Vermögen der Wahr-

---

1) de gener. an. V, 1. 780 a 3: ἔστι δ' ἡ τούτου τοῦ μορίου κίνησις ὅρασις, ἡ διαφανές, ἀλλ' οὐχ ᾗ ὑγρόν. de sensu 2. 438 a 12.

2) hist. an, I, 8. 491 b 20: τὸ δ' ἐντὸς τοῦ ὀφθαλμοῦ, τὸ μὲν ὑγρόν, ᾧ βλέπει, κόρη.

3) Scholl a. a. O. S. 70.

4) de an. II, 12, $_1$. 424 a 17—19. III, 2, $_3$. 425 b 23—24. III, 12, $_2$. 434 a 29—30. Vgl. S. 13. Anm. 5—6. S. 14. Anm. 1—4.

5) S. S. 18. Anm. 5.

6) de an. II, 1, $_9$. 412 b 18: εἰ γὰρ ἦν ὁ ὀφθαλμὸς ζῷον, ψυχὴ ἂν ἦν αὐτοῦ ἡ ὄψις· αὕτη γὰρ οὐσία ὀφθαλμοῦ ἡ κατὰ τὸν λόγον, ὁ δ' ὀφθαλμὸς ὕλη ὄψεως, ἧς ἀπολειπούσης οὐκέτ' ὀφθαλμός, πλὴν ὁμωνύμως, καθάπερ ὁ λίθινος καὶ ὁ γεγραμμένος. de an. II, 1, $_{11}$. 413 a 2: ἀλλ' ὥσπερ ὀφθαλμὸς ἡ κόρη καὶ ἡ ὄψις, κἀκεῖ ἡ ψυχὴ καὶ τὸ σῶμα ζῷον.

7) Scholl a. a. O. S. 71 ff.

nehmung nur Nebensache und die Pointe des Vergleichs vielmehr anderswo zu suchen wäre: diese Ausflucht wird dadurch abgeschnitten, dass gerade in dem genannten Momente das tertium comparationis liegt und dass Aristoteles selbst es ist, der gerade mit Rücksicht auf dieses Moment den Vergleich bis ins Einzelnste durchführt.

Wirklich ist also nach der aristotelischen Theorie das Auge Sitz des Gesichtssinnes, und schon in ihm, nicht erst im Centralorgan, vollzieht sich der psychische Akt des Sehens. Natürlich gilt das Analoge von den beiden andern Kopfsinnen, dem Gehör und Geruch [1]). Nur der Sitz des Tast- und Geschmackssinnes, das Herz, fällt, wenigstens örtlich [2]), mit dem Organe des Gemeinsinns zusammen, da dieser, wie wir sehen werden, gleichfalls im Herzen seinen Sitz hat.

2) Haben also die äussern Sinne (mit Ausnahme des Tastsinns) nicht einen gemeinsamen Sitz im Innern des Körpers, sondern hat jeder seine besondere Stelle für sich an der Peripherie, so ergibt sich daraus, dass den äussern Sinnen eine gewisse Selbständigkeit zukommen muss [3]).

Dieselbe ist aber nur eine relative; denn die Vollendung der sinnlichen Erkenntniss, das Bewusstsein um die eigenen Sinnesempfindungen und das allseitige Unterscheiden und Vergleichen derselben, vollzieht sich erst im innern Sinne, der das Ziel der äussern ist und zu dem sich diese als Mittel und Werkzeuge verhalten [4]).

Wie nun aber im nähern das Verhältniss des innern Sinnes zu den äussern unter der Voraussetzung einer Verschiedenheit beider zu fassen sei, über diese Frage, die ja auch jetzt noch nicht als eine ge-

---

1) de an. II, 11, s. 423 b. 17 ff. (S. 55, Anm. 1, 1.).
2) Denn mit Recht Kampe a. a. O. S. 94 Anm.: „ἀλλὰ τὸ εἶναι οὐ ταὐτό, könnte Aristoteles bemerken."
3) Vgl. Kampe a. a. O. S. 91 f.
4) Vergl. de juvent. 3. 469 a 4—12. Kampe a. a. O. S. 94 f.: „Wie die ‚ganze Seele' ihre Theile, so fasst auch der wahrnehmende Theil seine besondere Totalität zur Einheit zusammen; die Theilnahme an der Seele, oder dass jedes entsprechende Werkzeug ‚beseelter Theil', ist absolute Bedingung aller Sinnesfunktion. Jener Sinn, auf welchen sich die Einzelsinne als den gemeinsamen Einigungspunkt beziehen, ist das Princip dieser Einheit. Aber dies Princip, als ein besonderes Organ für sich gesetzt, ist wieder gegen die Einzelsinne selbständig, die Einzelsinne (was durch die unbeachteten Wahrnehmungen constatirt wird), in gewissem Grade gegen das Einigende und Eine. Aber das Eine greift unmittelbar über die getrennten Sinne über und setzt sie im Wesentlichen zu Mitteln seiner selbst herab."

löste bezeichnet werden kann, finden sich bei Aristoteles keine Aussprüche, die seine eigentliche Meinung mit hinlänglicher Sicherheit erkennen liessen. Der Versuch einer Lösung derselben kann daher auch wol in einer Philosophie nach den Principien des Aristoteles Platz finden, nicht aber in einer einfachen Darstellung dessen, was Aristoteles wirklich gelehrt hat.

III. Organ des Centralsinns.

Der Centralsinn hat begreiflicherweise auch ein Centralorgan, in dem die peripherisch nach aussen gelegenen Organe ihren Mittel- und Einheitspunkt finden. Schon vor Aristoteles nahmen manche ein solches Centralorgan an, hielten für dasselbe aber das Gehirn [1]), weshalb

---

1) de juvent. 3. 469 a 21: *διὸ καὶ δοκεῖ τισὶν αἰσθάνεσθαι τὰ ζῷα διὰ τὸν ἐγκέφαλον*. de part. an. II, 10, ₁. 656 a 17: *αἰσθάνεσθαι μὲν γὰρ τῷ ἐγκεφάλῳ*. So Alkmäon [Theophrast. de sensu 26. Didot'sche Ausgabe pag. 326, 23—26: *ἁπάσας δὲ τὰς αἰσθήσεις συνηρτῆσθαί πως πρὸς τὸν ἐγκέφαλον, διὸ καὶ πηροῦσθαι κινουμένου καὶ μεταλάττοντος τὴν χώραν· ἐπιλαμβάνεσθαι γὰρ τοὺς πόρους δι' ὧν αἱ αἰσθήσεις*. Vgl. Hirzel in Hermes XI (1876) S. 239—246]; ebenso Plato [Tim. 73 C: *καὶ τὴν μὲν τὸ θεῖον σπέρμα οἶον ἄρουραν μέλλουσαν ἕξειν ἐν αὑτῇ περιφερῆ πανταχῇ πλάσας ἐπωνόμασε (ὁ θεός) τοῦ μυελοῦ ταύτην τὴν μοῖραν ἐγκέφαλον*. ebend. 67 B: *ὅλως μὲν οὖν φωνὴν θῶμεν τὴν δι' ὤτων ὑπ' ἀέρος ἐγκεφάλου τε καὶ αἵματος μέχρι ψυχῆς πληγὴν διδομένην*. vgl. S. 83. Anm. 1.]. Ebenfalls im Gegensatz zu Plato hält Aristoteles fälschlich das Gehirn für etwas vom Rückenmark gänzlich Verschiedenes, ihm geradezu Entgegengesetztes: de part. an. II, 7, 652 a 24: *πολλοῖς γὰρ καὶ ὁ ἐγκέφαλος δοκεῖ μυελὸς εἶναι καὶ ἀρχὴ τοῦ μυελοῦ διὰ τὸ συνεχῆ τὸν ῥαχίτην αὐτῷ ὁρᾶν μυελόν* [vgl. Plato Tim. 73 B—D.]. *ἔστι δὲ πᾶν τοὐναντίον αὐτῷ τὴν φύσιν ὡς εἰπεῖν*. Es ist allerdings sehr zu bedauern und hat Jahrhunderte lang die wahren physiologischen Ansichten niedergedrückt, dass Aristoteles von diesen richtigen Lehren seiner Vorgänger abwich. Gleichwohl bemerkt Philippson ("Ὕλη S. 73) nicht mit Unrecht: Plato ..., animam humanam considerans, eius speciem in corpus dispositam ostendere voluit: Aristoteles contra corporis humani conditionem per se exquisivit, animae in corporis vitalis gyro percurrendo nequaquam (?) obvius .... Quodsi igitur summus vitae intellectus satis diminuebatur hac empirica inquirendi ratione: tamen corporis cognitionem accuratiorem illa admodum fotam esse, non minus est confitendum. Etsi enim quisquam mihi diceret, quod haec doctrina, ut verbo utar, cordalis veritati de cerebri nervorumque natura inveniendae plura impedimenta obtulisset: tamen rem totam ita se habere non credo. Nam reputes, nervorum inventionem rem fuisse difficillimam, quam cadavere vix primum secato perficere non potuerint, neque minus certum esse: si Platonis sententiam omnes consequuti essent, ne hodie quidem multa rei anatomicae cognossemus.

sie auch für die Thatsache, dass der Kopf nur mit wenigem Fleische bekleidet ist, als Grund angaben, dass auf diese Weise die Empfindung leichter zum Gehirn gelangen könne [1]). Nach Aristoteles beruht aber weder jene Annahme, noch dieser Grund auf Wahrheit [2]); vielmehr ist das Gehirn selbst empfindungslos [3]) und hängt nicht einmal mit den Sinneswerkzeugen zusammen [4]). Zwischen Auge und Gehirn soll zwar auch nach Aristoteles eine Verbindung statthaben [5]); doch dient diese nach ihm nicht zur Vermittlung der Sensationen, sondern nur dazu, dem Auge sein Wasser aus dem Gehirn zuzuführen [6]). — Ebenso ist es kein Widerspruch, sondern nur eine ungenaue Ausdrucksweise, wenn Aristoteles behauptet, es führe eine Ader vom Gehirn zum Ohre [7]). Gerade vorher hatte er nämlich gelehrt, es führe kein Gang vom Ohre zum Gehirn, wol zum Gaumen [8]), und da das Gehirn selbst blutlos

---

1) de part. an. II, 10, 4. 656 a 16: ... ἀλλ' εὐαισθησίας ἕνεκεν ἄσαρκον εἶναί φασιν (τὴν κεφαλήν)· αἰσθάνεσθαι μὲν γὰρ τῷ ἐγκεφάλῳ, τὴν δ' αἴσθησιν οὐ προσίεσθαι τὰ μόρια τὰ σαρκώδη λίαν. Vgl. Plato, Tim. 76 C: τούτῳ δὴ λασίαν ἡμῶν ἀπειργάσατο τὴν κεφαλὴν ὁ ποιῶν ... διανοούμενος δὲ ἀντὶ σαρκὸς αὐτὸ δεῖν εἶναι στέγασμα, τῆς περὶ τὸν ἐγκέφαλον ἕνεκα ἀσφαλείας κοῦφον, καὶ θέρους χειμῶνός τε ἱκανὸν σκιὰν καὶ σκέπην παρέχειν, εὐαισθησίας δὲ οὐδὲν διακώλυμα ἐμποδὼν γενησόμενον.
2) de part. an. II, 10. 656 a 19: τούτων δ' οὐδέτερόν ἐστιν ἀληθές.
3) de part. an. II, 10. 656 a 23: τῶν δ' αἰσθήσεων οὐκ αἴτιος οὐδεμιᾶς (ὁ ἐγκέφαλος), ὅς γε ἀναίσθητος καὶ αὐτός ἐστιν ὥσπερ ὁτιοῦν τῶν περιττωμάτων. Vgl. b 11—13 und Anm. 4. Bona Meyer a. a. O. S. 431: „Als Gegengrund betrachtet Aristoteles, dass das Gehirn bei der Berührung keine Empfindung bewirkt; eine Erfahrung, die auf die Hemisphären des grossen Gehirns beschränkt, richtig ist, und die wahrscheinlich von alten Aerzten an Kopfwunden gemacht war."
4) de part. an. II, 7. 652 b 2: ὅτι μὲν οὖν οὐκ ἔχει συνέχειαν οὐδεμίαν πρὸς τὰ αἰσθητικὰ μόρια, δῆλον μὲν καὶ διὰ τῆς ὄψεως, ἔτι δὲ μᾶλλον τῷ μηδεμίαν ποιεῖν αἴσθησιν θιγγανόμενος, ὥσπερ οὐδὲ τὸ αἷμα οὐδὲ τὸ περίττωμα τῶν ζῴων.
5) hist. an. I, 16. 495 a 11: φέρουσι δ' ἐκ τοῦ ὀφθαλμοῦ τρεῖς πόροι εἰς τὸν ἐγκέφαλον. Vgl. S. 50. Anm. 5.
6) de gener. an. II, 6. 744 a 8: ἀλλ' ἀπὸ τῆς περὶ τὸν ἐγκέφαλον ὑγρότητος ἀποκρίνεται τὸ καθαρώτατον διὰ τῶν πόρων, οἳ φαίνονται φέροντες ἀπ' αὐτῶν (von den Augen) πρὸς τὴν μήνιγγα τὴν περὶ τὸν ἐγκέφαλον. Auf die im Texte angegebene Weise scheint sich die „aliqua confusio" (Trendelenburg a. a. O. S. 161), wenigstens zum grösseren Theile, auf einfache Weise heben zu lassen.
7) hist. an. I, 11. 492 a 20: καὶ ἐκ τοῦ ἐγκεφάλου φλὲψ τείνει εἰς αὐτό.
8) hist. an. I, 11. 492 a 19: τοῦτο (der äusserste, ohrähnliche Knochen, zu dem der Ton wie zu einem letzten Behälter gelangt) δ' εἰς μὲν τὸν ἐγκέφαλον οὐκ ἔχει πόρον, εἰς δὲ τὸν τοῦ στόματος οὐρανόν.

ist [1]), und weder eine grosse, noch eine kleine Ader in dasselbe ausläuft [2]), so kann es natürlich auch keine Ader aus seinem Innern heraus zum Ohre hin entsenden. Dieselbe muss sich vielmehr von dem feinen [3]), dünnes und reines Blut führenden [4]) Adernetze in den Gehirnhäuten [5]), das von der grossen Ader und der Aorta ausgeht [6]), abzweigen, steht also streng genommen dem Gehirn in biologischer Beziehung völlig fremd. — Der Zweck des Gehirns ist nach Aristoteles kein irgendwie auf die Wahrnehmung bezüglicher, sondern lediglich der, als Kühlapparat für die übermässige Wärme des Herzens zu dienen [7]).

2) Seinerseits verlegt nun Aristoteles das Centralorgan der Empfindung, den Sitz des innern oder Centralsinns in dasjenige von den in-

---

1) de part. an. II, 7. 652 a 35: ἔτι δ' ἀναιμότατον τῶν ὑγρῶν τῶν ἐν τῷ σώματι πάντων (ὁ ἐγκέφαλος)· οὐδ' ὁτιοῦν γὰρ αἵματος ἔχει ἐν αὑτῷ. Vgl. Anm. 2.

2) hist. an. III, 4. 514 a 18: αὐτὸς δ' ὁ ἐγκέφαλος ἄναιμος πάντων ἐστί, καὶ οὔτε μικρὸν οὔτε μέγα φλέβιον τελευτᾷ εἰς αὐτόν. ebend. I. 16. 495 a 4: ἄναιμος δ' ὁ ἐγκέφαλος ἅπασι, καὶ οὐδεμίαν ἔχων ἐν αὑτῷ φλέβα.

3) de somno 3. 458 a 7: ... συμβάλλεται καὶ ἡ λεπτότης καὶ ἡ στενότης τῶν περὶ τὸν ἐγκέφαλον φλεβῶν.

4) de sensu 5. 444 a 10: ... καὶ τοῦ αἵματος τοῦ περὶ αὐτὸν (ἐγκέφαλον) ἐν τοῖς φλεβίοις ὄντος λεπτοῦ μὲν καὶ καθαροῦ. de somno 3. 458 a 13: ἔστι δὲ λεπτότατον μὲν αἷμα καὶ καθαρώτατον τὸ ἐν τῇ κεφαλῇ, παχύτατον δὲ καὶ θολερώτατον τὸ ἐν τοῖς κάτω μέρεσιν.

5) hist. an. I, 16. 495 a 7: ἡ δὲ περὶ αὐτὸν (ἐγκέφαλον) μῆνιγξ φλεβώδης.

6) de part. an. II, 7. 652 b 28: ἀφ' ἑκατέρας τῆς φλεβός, τῆς τε μεγάλης καὶ τῆς καλουμένης ἀορτῆς, τελευτῶσιν αἱ φλέβες εἰς τὴν μήνιγγα τὴν περὶ τὸν ἐγκέφαλον. hist. an. III, 4. 514 a 15: μία δ' ἑτέρα (φλέψ) ἀφ' ἑκατέρου τοῦ τόπου τοῦ περὶ τὰ ὦτα ἐπὶ τὸν ἐγκέφαλον τείνει (vena iugularis externa und interna), καὶ σχίζεται εἰς πολλὰ καὶ λεπτὰ φλέβια εἰς τὴν καλουμένην μήνιγγα τὴν περὶ τὸν ἐγκέφαλον.

7) de part. an. II, 7. 652 b 16: ἐπεὶ δ' ἅπαντα δεῖται τῆς ἐναντίας ῥοπῆς, ἵνα τυγχάνῃ τοῦ μετρίου καὶ τοῦ μέσου, ... διὰ ταύτην τὴν αἰτίαν πρὸς τὸν τῆς καρδίας τόπον καὶ τὴν ἐν αὐτῷ θερμότητα μεμηχάνηται τὸν ἐγκέφαλον ἡ φύσις. de gener. an. II, 6. 743 b 28: ... τὸ ψυχρὸν συνίστησιν ἀντίστροφον τῇ θερμότητι τῇ περὶ τὴν καρδίαν τὸν ἐγκέφαλον. de sensu 2. 439 a 2—3. Weil beim Menschen die Herz- und Lungengegend einen höhern Grad vitaler Wärme aufweist, als beim Thiere, und wiederum beim Manne einen höhern Grad, als beim Weibe, so besitzt auch dem entsprechend der Mensch, resp. der Mann, das grösste Gehirn: de part. an. II, 7. 653 a 27: ἔχει δὲ τῶν ζῴων ἐγκέφαλον πλεῖστον ἄνθρωπος ὡς κατὰ μέγεθος, καὶ τῶν ἀνθρώπων οἱ ἄρρενες τῶν θηλειῶν· καὶ γὰρ τὸν περὶ τὴν καρδίαν καὶ τὸν πλεύμονα τόπον θερμότατον καὶ ἐναιμότατον. Vgl. Bona Meyer a. a. O. S. 430 f. 434.

nern Organen, mit dem alle äussern Sinneswerkzeuge in leitender Verbindung stehen [1]), in das Herz [2]). Im Herzen, resp. (bei den blutlosen Thieren) dem diesem Analogen [3]), ist das Princip, wie der Ernährung und der Bewegung, so auch der Empfindung [4]). In dieser seiner principiellen Stellung liegt auch der Grund für die entwicklungsgeschicht-

---

1) So vom Geschmacks- und Tastsinn: de juvent. 3, 469 a 12: δύο δὲ φανερῶς ἐνταῦθα (im Herzen) συντεινούσας ὁρῶμεν, τήν τε γεῦσιν καὶ τὴν ἁφήν. Dann aber auch von den andern: ὥστε καὶ τὰς ἄλλας ἀναγκαῖον· ἐν τούτῳ μὲν γὰρ τοῖς ἄλλοις αἰσθητηρίοις ἐνδέχεται ποιεῖσθαι τὴν κίνησιν, ταῦτα δ' οὐδὲν συντείνει πρὸς τὸν ἄνω τόπον.

2) de juvent. 3, 469 a 10: ἀλλὰ μὴν τό γε κύριον τῶν αἰσθήσεων ἐν ταύτῃ (καρδίᾳ) τοῖς ἐναίμοις πᾶσιν· ἐν τούτῳ γὰρ ἀναγκαῖον εἶναι τὸ πάντων τῶν αἰσθητηρίων κοινὸν αἰσθητήριον. ebend. a 16—20; ferner 4. 469 b 3: εἴπερ οὖν τὸ ζῷον ὥρισται τῷ τὴν αἰσθητικὴν ἔχειν ψυχήν, τοῖς μὲν ἐναίμοις ἀναγκαῖον ἐν τῇ καρδίᾳ ταύτην ἔχειν τὴν ἀρχήν, τοῖς δ' ἀναίμοις ἐν τῷ ἀναλόγῳ μορίῳ. de gener. an. II, 6. 743 b 25: διὰ μὲν οὖν τὸ τὴν ἀρχὴν ἐν τῇ καρδίᾳ τῶν αἰσθήσεων εἶναι κτλ. de part. an. II, 10. 656 b 24: ... τὴν δ' αἴσθησιν ἀπὸ τῆς καρδίας. Der Ort um das Herz wird genannt de part. an. II, 10. 656 a 28: ἀρχὴ τῶν αἰσθήσεών ἐστιν ὁ περὶ τὴν καρδίαν τόπος. Weil das Herz das Urorgan der sinnlichen Wahrnehmung ist, so liegt auch die verschiedene Vollkommenheit dieser in der verschiedenen Vollkommenheit der Organisation des Herzens begründet: de part. an. III, 4. 667 a 13: τὰ μὲν γὰρ ἀναίσθητα σκληρὰν ἔχει τὴν καρδίαν καὶ πυκνήν, τὰ δ' αἰσθητικὰ μαλακωτέραν. Ueber die Stellung des Herzens in der Physiologie des Aristoteles handelt u. A. Gozowinus Janus Loncq, de physiologia veterum, Roterodami 1833, bes. S. 94 ff.

3) de part. an. II, 1. 647 a 30: διόπερ ἐν μὲν τοῖς ἀναίμοις ζῴοις τὸ ἀνάλογον, ἐν δὲ τοῖς ἐναίμοις ἡ καρδία τοιοῦτό (Anm. 4.) ἐστιν.

4) de juvent. 3. 469 a 24: δῆλον ... ὅτι ἐν τούτῳ (dem Herzen) τε καὶ ἐν τῷ μέσῳ τοῦ σώματος τῶν τριῶν μορίων [vgl. ebend. 2. 468 a 13: τριῶν δὲ μερῶν ὄντων εἰς ἃ διαιρεῖται πάντα τὰ τέλεια τῶν ζῴων, ἑνὸς μὲν ᾗ δέχεται τὴν τροφήν, ἑνὸς δ' ᾗ τὸ περίττωμα προΐεται, τρίτου δὲ τοῦ μέσου τούτων, τοῦτο ἐν μὲν τοῖς μεγίστοις τῶν ζῴων καλεῖται στῆθος, ἐν δὲ τοῖς ἄλλοις τὸ ἀνάλογον] ἥ τε τῆς αἰσθητικῆς ἀρχὴ ψυχῆς ἐστὶ καὶ ἡ τῆς αὐξητικῆς καὶ τῆς θρεπτικῆς. ebend. a 5: ὥστ' ἀνάγκη καὶ τῆς αἰσθητικῆς καὶ τῆς θρεπτικῆς ψυχῆς ἐν τῇ καρδίᾳ τὴν ἀρχὴν εἶναι τοῖς ἐναίμοις, wozu vergl. de part. an. II, 1. 647 a 24: τῆς δ' αἰσθητικῆς δυνάμεως καὶ τῆς κινούσης τὸ ζῷον καὶ τῆς θρεπτικῆς ἐν ταὐτῷ μορίῳ τοῦ σώματος οὔσης κτλ. de somno 2. 456 a 4—6. de part. an. III, 3. 665 a 10—13. III, 4. 666 a 11—13.

Im Herzen als dem πρῶτον αἰσθητήριον findet die durch die Empfindung bewirkte Auslösung der Muskelbewegung statt: de somno 2. 456 a 20: κινεῖται δὲ πᾶν αἰσθήσεώς τινος γινομένης, ἢ οἰκείας ἢ ἀλλοτρίας, ἐν τῷ πρώτῳ αἰσθητηρίῳ [nach dem Zusammenhange das Herz oder das Analoge].

liche Thatsache, dass das Herz [1]) oder das ihm Analoge [2]), an erster Stelle, noch vor dem Gehirn, sich bildet. Aber während das Herz Princip der Ernährung ist als Quelle der animalischen Wärme [3]) — durch diese nämlich geschieht die Ernährung [4]), und durch ihr Schwinden wird der Tod bewirkt [5]) —, während es Princip der Bewegung ist, in so weit es aus ungleichartigen Theilen besteht [6]), ist es Princip

---

1) de gener. an. II, 4. 740 a 17: διὸ πρῶτον ἡ καρδία φαίνεται διωρισμένη πᾶσι τοῖς ἐναίμοις· ἀρχὴ γὰρ αὕτη καὶ τῶν ὁμοιομερῶν (Sinne) καὶ τῶν ἀνομοιομερῶν (Organe der nach aussen gehenden Thätigkeiten: de part. an. II, 1. 647 a 3—5). ebend. II, 6. 743 b 25—26. 742 b 35—36. de juvent. 3. 468 b 28. Vgl. Loncq, a. a. O. S. 68.

2) de juvent. 3. 468 b 30: ... ὥστε καὶ ἐν τοῖς ἀναίμοις ἀναγκαῖον τὸ ἀνάλογον τῇ καρδίᾳ γίνεσθαι πρῶτον. de gener. an. II, 6. 742 b 37—743 a 1.

3) de respir. 8. 474 a 25: ἐπεὶ δὲ εἴρηται πρότερον ὅτι τὸ ζῆν καὶ ἡ τῆς ψυχῆς ἕξις μετὰ θερμότητός τινός ἐστιν· οὐδὲ γὰρ ἡ πέψις, δι' ἧς ἡ τροφὴ γίνεται τοῖς ζῴοις, οὔτ' ἄνευ ψυχῆς οὔτ' ἄνευ θερμότητός ἐστιν· πυρὶ γὰρ ἐργάζεται πάντα. διόπερ ἐν ᾧ πρώτῳ τόπῳ τοῦ σώματος καὶ ἐν ᾧ πρώτῳ τοῦ τόπου τούτου μορίῳ τὴν ἀρχὴν ἀναγκαῖον εἶναι τὴν τοιαύτην, ἐνταῦθα καὶ τὴν πρώτην τὴν θρεπτικὴν ψυχὴν ἀναγκαῖον ὑπάρχειν. οὗτος δ' ἐστὶν ὁ μέσος τόπος τοῦ τε δεχομένου τὴν τροφὴν καὶ καθ' ὃν ἀφίησι τὸ περίττωμα. τοῖς μὲν οὖν ἀναίμοις ἀνώνυμον, τοῖς δ' ἐναίμοις ἡ καρδία τοῦτο τὸ μόριόν ἐστιν. de juvent. 4, 469 b 6: πάντα δὲ τὰ μόρια καὶ πᾶν τὸ σῶμα τῶν ζῴων ἔχει τινὰ σύμφυτον θερμότητα φυσικήν· διὸ ζῶντα μὲν φαίνεται θερμά, τελευτῶντα δὲ καὶ στηρισκόμενα τοῦ ζῆν τοὐναντίον. ἀναγκαῖον δὲ ταύτης τὴν ἀρχὴν τῆς θερμότητος ἐν τῇ καρδίᾳ τοῖς ἐναίμοις εἶναι, τοῖς δ' ἀναίμοις ἐν τῷ ἀνάλογον. Im Herzen ist das Princip der Wärme: de part. an. III, 5. 667 b 26: διὸ καὶ τὴν τοῦ θερμοῦ ἀρχὴν ἀναγκαῖον ἐν τῷ αὐτῷ τόπῳ εἶναι (nämlich im Herzen). de juvent. 4. 469 b 15—18. de respir. 17. 478 b 33 ff.

4) de part. an. II, 7. 652 b 10: τοῖς τῆς ψυχῆς ἔργοις ὑπηρετικώτατον τῶν σωμάτων τὸ θερμόν ἐστιν· τὸ τρέφειν γὰρ καὶ κινεῖν ψυχῆς ἔργον ἐστί, ταῦτα δὲ διὰ ταύτης μάλιστα γίνεται τῆς δυνάμεως.

5) de juvent. 4. 469 b 18: ἀνάγκη τοίνυν ἅμα τό τε ζῆν ὑπάρχειν καὶ τὴν τοῦ θερμοῦ τούτου σωτηρίαν, καὶ τὸν καλούμενον θάνατον εἶναι τὴν τούτου φθοράν. de respir. 17. 478 b 31: πᾶσι μὲν οὖν ἡ φθορὰ γίνεται διὰ θερμοῦ τινος ἔκλειψιν, τοῖς δὲ τελείοις, ἐν ᾧ τῆς οὐσίας ἡ ἀρχή. αὕτη δ' ἐστίν ... ἐν ᾧ τό τε ἄνω καὶ τὸ κάτω συνάπτει ... τῶν δὲ ζῴων τοῖς μὲν ἐναίμοις ἡ καρδία, τοῖς δ' ἀναίμοις τὸ ἀνάλογον.

6) de part. an. II, 1. 647 a 27: ... ἀναγκαῖον τὸ ἔχον πρῶτον μόριον τὰς τοιαύτας ἀρχάς, ᾗ μὲν ἔστι δεκτικὸν πάντων τῶν αἰσθητῶν, τῶν ἁπλῶν εἶναι μορίων, ᾗ δὲ κινητικὸν καὶ πρακτικόν, τῶν ἀνομοιομερῶν. διόπερ ἐν μὲν τοῖς ἀναίμοις ζῴοις τὸ ἀνάλογον, ἐν δὲ τοῖς ἐναίμοις ἡ καρδία τοιοῦτόν ἐστιν· διαιρεῖται μὲν γὰρ εἰς ὁμοιομερῆ καθάπερ τῶν ἄλλων σπλάγχνων ἕκαστον, διὰ δὲ τὴν τοῦ σχήματος μορφὴν ἀνομοιομερές ἐστιν.

der Wahrnehmung vermöge seiner Zusammensetzung aus gleichartigen Theilen [1]). Da Aristoteles, wie wir früher (S. 44) sahen, auch die äussern Organe aus solchen gleichartigen Theilen bestehen lässt, so stellt sich mithin in derselben Weise, wie zwischen Medium und äusserm Organ ein Parallelismus besteht (S. 45), ein solcher auch zwischen äusserm und innerm Organ her.

3) Wie aber wird bei der Wahrnehmung die nothwendige Vermittlung zwischen den äussern Sinneswerkzeugen und dem Herzen bewirkt? Aristoteles behauptet öfter, dass zwar das Blut selbst keine Empfindung habe [2]), ebenso wenig aber auch die blutleeren Theile [3]), dass vielmehr nur die blutbegabten Theile des Körpers mit Empfindung versehen seien [4]), und zwar der erste blutführende Theil, das Herz, an erster Stelle [5]). Er lehrt, dass der Tastsinn in den blutführenden Theilen seinen Sitz habe [6]), und dass die Schärfe der Sinne durch die Reinheit des Blutes in den Theilen bedingt sei, worin jene wohnen [7]).

Das Blut spielt also bei der Empfindung eine wichtige Rolle.

An einer andern Stelle behauptet Aristoteles, ein Druck auf die Adern des Nackens bewirke Anästhesie [8]). Nun bilden die im Herzen entspringenden [9]) Adern die Verbindung zwischen den äussern Organen

---

1) S. die vor. Anm.
2) hist. an. III, 19. 520 b 14: οὐκ ἔχει δὲ αἴσθησιν τὸ αἷμα ἁπτομένων ἐν οὐδενὶ τῶν ζώων, ὥσπερ οὐδ' ἡ περίττωσις ἡ ἐν τῇ κοιλίᾳ. de part. an. II, 3. 650 b 3: καὶ γὰρ διὰ τοῦτο θιγγανόμενον αἴσθησιν οὐ ποιεῖ, ὥσπερ οὐδ' ἄλλο τῶν περιττωμάτων οὐδέν. ebend. II, 5. 651 b 5: τὸ δ' αἷμα ... οὐκ ἔχει αἴσθησιν. διὸ οὐδὲ πιμελὴ οὐδὲ στέαρ· αἷμα γὰρ πεπεμμένον ἐστίν. II, 7. 652 b 5. II, 10. 656 b 20.
3) de part. an. II, 10. 656 b 19: ἔστι δ' οὔτ' ἄναιμον οὐδὲν αἰσθητικὸν οὔτε τὸ αἷμα, ἀλλὰ τῶν ἐκ τούτου τι. III, 4. 666 a 16—17.
4) de part. an. II, 10. 656 b 25: ... καὶ τὸ αἰσθάνεσθαι διὰ τῶν ἐναίμων γίνεσθαι μορίων.
5) de part. an. III, 4. 666 a 34: αἰσθητικὸν δὲ πρῶτον τὸ πρῶτον ἔναιμον, τοιοῦτον δ' ἡ καρδία.
6) hist. an. I, 4. 489 a 23: ἡ μὲν οὖν ἁφὴ ἐν ὁμοιομερεῖ ἐγγίνεται μέρει οἷον ἐν σαρκὶ ἢ τοιούτῳ τινί, καὶ ὅλως ἐν τοῖς αἱματικοῖς [vgl. ebend. III, 2. 511 b 1: τῶν δ' ὁμοιομερῶν κοινότατον μέν ἐστι τὸ αἷμα πᾶσιν τοῖς ἐναίμοις ζῴοις], ὅσα ἔχει αἷμα.
7) de part. an. II, 10. 656 b 3: ἔτι δὲ τὰς ἀκριβεστέρας τῶν αἰσθήσεων διὰ τῶν καθαρώτερον ἐχόντων τὸ αἷμα μορίων ἀναγκαῖον ἀκριβεστέρας γίνεσθαι.
8) de somno 2. 455 b 6: ἔτι δ' οἱ τὰς ἐν τῷ αὐχένι φλέβας καταλαμβανόμενοι ἀναίσθητοι γίνονται.
9) de part. an. III, 4. 666 a 31: πασῶν γὰρ τῶν φλεβῶν ἐκ τῆς καρδίας αἱ

und dem Centralorgan der Empfindung, dem Herzen [1]). Jene Behauptung wird also nur dann verständlich sein, wenn der Druck auf die Adern des Nackens die Wahrnehmung darum aufheben soll, weil jene Verbindung durch denselben gestört wird. Anderseits sahen wir, dass das Blut bei der Wahrnehmung von wesentlichem Einflusse ist. Die Adern sind aber der Ort des Blutes [2]), das im Herzen seine Quelle hat [3]). Wir werden also nicht fehlgreifen, wenn wir die Aufgabe, welche dem Blute bei der Wahrnehmung nach Aristoteles zufällt, darein setzen, dass es, in den Adern strömend, die Vermittlung zwischen den äussern Sinneswerkzeugen und dem innern Centralorgan, dem Herzen, zu übernehmen und so für die psychologische Verbindung von äusserm und innerm Sinn die physiologische Grundlage abzugeben hat.

ἀρχαί. de gener. an. II, 4. 740 a 22. de somno 3. 456 b 1. de juvent. 3. 468 b 31—32. Deshalb nehmen die Adern auch an dem Schlage des Herzens Theil: de respir. 20. 480 a 10: καὶ σφύζουσιν αἱ φλέβες πᾶσαι, καὶ ἅμα ἀλλήλαις, διὰ τὸ ἠρτῆσθαι ἐκ τῆς καρδίας.

1) hist. an. III, 3. 514 a 19: τῶν δὲ λοιπῶν τῶν ἀπὸ τῆς φλεβὸς ταύτης (welche nach S. 87. Anm. 9 selbst aus dem Herzen kommt) σχισθεισῶν φλεβῶν ... αἱ δ' εἰς τὰ αἰσθητήρια ἀποτελευτῶσι. de gener. an. II, 6. 744 a 1 (S. 90. Anm. 4).

2) hist. an. III, 20. 521 b 5: πάντα δὲ ὅσα φύσει ὑπάρχει ὑγρὰ ἐν τῷ σώματι, ἐν ἀγγείοις ὑπάρχει, ὥσπερ καὶ αἷμα ἐν φλεψὶ καὶ μυελὸς ἐν ὀστοῖς. de part. an. III, 4. 665 b 12: ὑγροῦ δ' ὄντος τοῦ αἵματος ἀναγκαῖον ἀγγεῖον ὑπάρχειν, ἐφ' ὃ δή, καὶ φαίνεται μεμηχανῆσθαι τὰς φλέβας ἡ φύσις. de respir. 8. 474 b 7. hist. an. III, 2. 511 b 3. 18. III, 19. 520 b 12—14. de part. an III, 5. 667 b 17—18. de gener. an II, 4. 738 a 8—9. II, 4. 740 a 22.

3) de somno 3. 458 a 15: παντὸς δὲ τοῦ αἵματος ἀρχή ... ἡ καρδία. de respir. 8. 474 b 5: τοῦ δ' αἵματος καὶ τῶν φλεβῶν τὴν αὐτὴν ἀρχὴν ἀναγκαῖον εἶναι· θατέρου γὰρ ἕνεκα θάτερόν ἐστιν, ὡς ἀγγεῖον καὶ δεκτικόν. ἀρχὴ δὲ τῶν φλεβῶν ἡ καρδία τοῖς ἐναίμοις· οὐ γὰρ διὰ ταύτης, ἀλλ' ἐκ ταύτης ἠρτημέναι πᾶσαι τυγχάνουσι [d. h. die Adern gehen nicht durch das Herz hindurch, wie sie durch andere Eingeweide hindurch gehen (de part. an. III, 4. 665 b 31—32. 666 a 3—5. 29); denn sonst würde das Blut in ihm eben so wenig entspringen, als es wegen Nichterfüllung dieser Bedingung aus der Leber kommen kann (de part. an. III, 4. 666 a 28—32); sondern sie hängen sich nur äusserlich an das Herz an, das nicht, wie die andern Eingeweide, vermittels einer durchgehenden Ader, sondern mit seinen eigenen Wandungen das Blut einschliesst (hist. an. I, 17. 496 b 7—9)]. de part. III, 4. 666 a 3: ἐν ταύτῃ (καρδίᾳ) γὰρ μόνῃ τῶν σπλάγχνων καὶ τοῦ σώματος αἷμα ἄνευ φλεβῶν ἐστί, τῶν δ' ἄλλων μορίων ἕκαστον ἐν ταῖς φλεψὶν ἔχει τὸ αἷμα. καὶ τοῦτ' εὐλόγως· ἐκ τῆς καρδίας γὰρ ἐποχετεύεται καὶ εἰς τὰς φλέβας, εἰς δὲ τὴν καρδίαν οὐκ ἄλλοθεν· αὕτη γάρ ἐστιν ἀρχὴ καὶ πηγὴ τοῦ αἵματος ἢ ὑποδοχὴ πρώτη. de part. an III, 4. 666 a 24. 33. b 1. 24—25 hist. an. III, 19. 521 a 9—10.

Im besten Einklange damit steht, was Aristoteles von der Art und Weise sagt, wie im Schlafe die in den äussern Organen auch noch nach der aktuellen Wahrnehmung verbliebenen [1]), aber während des Tages von stärkeren Eindrücken zurückgedrängten [2]) Bilder von den Organen zum Herzen fortgeführt werden. Diese Vermittlung übernimmt nämlich das Warme [3]), das Blut [4]), welches jene Eindrücke bald verworren und verwischt, bald dagegen klar, und deutliche Träume erzeugend zum Herzen fortführt, jenachdem es selbst noch regellos strömt und mit fremdartigen Beimischungen [5]) versetzt ist, oder sich bereits gesetzt und gereinigt hat [6]). Wenn Aristoteles dann fortfährt, dass auch im Zustande des Wachens das Sehen, Hören und überhaupt das Wahrnehmen dadurch zu Wege gebracht werde, dass sich von dem äussern Sinneswerkzeug bis zum Princip der sinnlichen Wahrnehmung, dem Herzen, eine Bewegung fortpflanze [7]), so werden

---

1) de insomn. 2. 459 a 24: τὰ γὰρ αἰσθητὰ καθ᾿ ἕκαστον αἰσθητήριον ἡμῖν ἐμποιοῦσιν αἴσθησιν, καὶ τὸ γινόμενον ὑπ᾿ αὐτῶν πάθος οὐ μόνον ἐνυπάρχει ἐν τοῖς αἰσθητηρίοις ἐνεργουσῶν τῶν αἰσθήσεων, ἀλλὰ καὶ ἀπελθουσῶν. b 5—7. C 3. 461 b 21—22. Vgl. auch S. 78. Anm. 5. S. 79. Anm. 2.
2) de insomn. 3. 460 b 32: μεθ᾿ ἡμέραν γὰρ ἐκκρούονται [die Wahrnehmungen] ἐνεργουσῶν τῶν αἰσθήσεων καὶ τῆς διανοίας, καὶ ἀφανίζονται.
3) de insomn. 3. 461 b 3: νύκτωρ δὲ δι᾿ ἀργίαν τῶν κατὰ μόριον αἰσθήσεων καὶ ἀδυναμίαν τοῦ ἐνεργεῖν διὰ τὸ ἐκ τῶν ἔξω εἰς τὸ ἐντὸς γίνεσθαι τὴν τοῦ θερμοῦ παλίρροιαν, ἐπὶ τὴν ἀρχὴν τῆς αἰσθήσεως καταφέρονται καὶ γίνονται φανεραὶ καθισταμένης τῆς ταραχῆς.
4) de insomn. 3. 461 b 11: ὅταν γὰρ καθεύδῃ, κατιόντος τοῦ πλείστου αἵματος ἐπὶ τὴν ἀρχὴν συγκατέρχονται αἱ ἐνοῦσαι κινήσεις, αἱ μὲν δυνάμει, αἱ δὲ ἐνεργείᾳ.
5) de somno 3. 457 b 20: γίνεται γὰρ ὁ ὕπνος ... τοῦ σωματώδους ἀναφερομένου ὑπὸ τοῦ θερμοῦ διὰ τῶν φλεβῶν πρὸς τὴν κεφαλήν. ὅταν δὲ μηκέτι δύνηται, ἀλλὰ τῷ πλήθει ὑπερβάλλῃ τὸ ἀναχθέν, πάλιν ἀνταπωθεῖται καὶ κάτω ῥεῖ. διὸ καταπίπτουσί τε ὑποσπωμένου τοῦ θερμοῦ τοῦ ἀνάγοντος οἱ ἄνθρωποι ... καὶ ἐπιπεσὸν μὲν ἔκνοιαν ποιεῖ, ὕστερον δὲ φαντασίαν.
6) de insomn. 3. 461 a 17: ... οὕτω καὶ ἐν τῷ καθεύδειν τὰ φαντάσματα καὶ αἱ ὑπόλοιποι κινήσεις αἱ συμβαίνουσαι ἀπὸ τῶν αἰσθημάτων ὁτὲ μὲν ὑπὸ μείζονος οὔσης τῆς εἰρημένης κινήσεως ἀφανίζονται πάμπαν, ὁτὲ δὲ τεταραγμέναι φαίνονται αἱ ὄψεις καὶ τερατώδεις καὶ οὐχ ἑῷραμένα τὰ ἐνύπνια [überhaupt hindert die durch Wärme herbeigeführte Stellung des Bluts die Wahrnehmung: do part. an. II, 10. 656 b 5: ἐκκόπτει γὰρ ἡ τῆς ἐν τῷ αἵματι θερμότητος κίνησις τὴν αἰσθητικὴν ἐνέργειαν.] ... καθισταμένου δὲ καὶ διακρινομένου τοῦ αἵματος ἐν τοῖς ἐναίμοις, σωζομένη τῶν αἰσθημάτων ἡ κίνησις ἀφ᾿ ἑκάστου τῶν αἰσθητηρίων ἐρρωμένα τε ποιεῖ τὰ ἐνύπνια, καὶ φαίνεσθαί τι καὶ δοκεῖν διὰ μὲν τὰ ἀπὸ τῆς ὄψεως καταφερόμενα ὁρᾶν, διὰ δὲ τὰ ἀπὸ τῆς ἀκοῆς ἀκούειν.
7) de insomn. 3. 461 a 20: ὁμοιοτρόπως δὲ καὶ ἀπὸ τῶν ἄλλων αἰσθητηρίων·

wir, da keine Andeutung vorhanden, dass diese Bewegung von jener verschieden, im Gegentheil der betreffende Satz mit ὁμοιοτρόπως eingeleitet wird, auch hier die Vermittlung des Blutes annehmen müssen. Schliesslich lässt es sich auch nur bei der Annahme dieser Vermittlung der Wahrnehmung von Seiten des Blutes erklären, wie Aristoteles als Beweis für seine Behauptung, dass das Blut seinen Ursprung im Herzen habe, (nicht in der Leber), den Satz anführen kann, das erste Blutführende sei mit dem ersten Wahrnehmenden identisch [1]).

4) Welcher Art aber ist diese Vermittlung?

Der Tastsinn findet sich direkt in den blutführenden, resp., bei blutlosen Thieren, in den jenen analogen Theilen [2]). — Das Auge dagegen befindet sich auf Gängen, die in die Adern am Gehirn führen [3]). Ebenso wird von den Organen des Gehörs und Geruchs gesagt, dass sie Gänge wären voll eingewachsener Luft, die zu den aus dem Herzen kommenden Adern am Gehirn sich erstreckten [4]). Zunächst werden also bei diesen Sinnen die Wahrnehmungen durch jene wasser- oder luftgefüllten Gänge auf analoge Weise sich fortpflanzen, wie durch das äussere Medium, und dann, wenn sie bis zu den Adern am Gehirn gelangt sind, weiter vom Blute bis zum Herzen fortgeführt werden. Ist das aber der Fall, so muss Aristoteles wenigstens einen Rücklauf des Blutes zum Herzen hin annehmen [5]), wie er denn selbst von

τῷ μὲν γὰρ ἐκεῖθεν ἀφικνεῖσθαι τὴν κίνησιν πρὸς τὴν ἀρχὴν καὶ ἐγρηγορὼς δοκεῖ ὁρᾶν καὶ ἀκούειν καὶ αἰσθάνεσθαι.

1) de part. an. III, 4. 666 a 33: ἀνάγκη τὴν καρδίαν εἶναι καὶ τοῦ αἵματος ἀρχήν. τὸ μὲν γὰρ ζῷον αἰσθήσει ὥρισται, αἰσθητικὸν δὲ πρῶτον τὸ πρῶτον ἔναιμον, τοιοῦτον δ' ἡ καρδία.

2) hist. an. I, 4. 489 a 23: ἡ μὲν οὖν ἁφὴ ἐν ὁμοιομερεῖ ἐγγίνεται μέρει, οἷον ἐν σαρκὶ ἢ τοιούτῳ τινί, καὶ ὅλως ἐν τοῖς αἱματικοῖς, ὅσα ἔχει αἷμα· τοῖς δ' ἐν τῷ ἀνάλογον, πᾶσι δ' ἐν τοῖς ὁμοιομερέσιν. de gener. an. II, 6. 743 b 37—744 a 1. Was das Analoge sei, lehrt hist. an. III, 2. 511 b 4: ... ἔπειτα τὸ ἀνάλογον τούτοις (αἵματι καὶ ᾐλεψί), ἰχὼρ καὶ ἶνες. Vgl. Karsch, Ar. Naturgesch. d. Thiere, V, 5.

3) de part. an. II, 10. 656 b 16: ἐκ μὲν οὖν τῶν ὀφθαλμῶν οἱ πόροι φέρουσιν εἰς τὰς περὶ τὸν ἐγκέφαλον φλέβας.

4) de gener. an. II, 6. 744 a 1: ἡ δ' ὕσφρησις καὶ ἡ ἀκοὴ πόροι συνάπτοντες πρὸς τὸν ἀέρα τὸν θύραθεν, πλήρεις συμφύτου πνεύματος, περαίνοντες δὲ πρὸς τὰ φλέβια τὰ περὶ τὸν ἐγκέφαλον τείνοντα ἀπὸ τῆς καρδίας. Auch müssen sich beim Riechen neben den Gängen Adern öffnen [de an. II, 9, 7. 422 a 3: διευρυνομένων τῶν φλεβίων καὶ τῶν πόρων] und das Auge selbst ist aderartig [de insomn. 2. 460 a 5: καὶ γὰρ φύσει τυγχάνουσι (die Augen) φλεβώδεις ὄντες.].

5) Kampe a. a. O. S. 99: „die Wanderung der Wahrnehmungen durch die πόροι würde der durch äussere Medien bedingten Bewegung entsprechen. Aber

einem „Rückfluss des Warmen von aussen nach innen" spricht¹), und lehrt, dass im Schlaf mit dem „Hinabsteigen des Blutes zu seiner Quelle" die darin befindlichen sensuellen Bewegungen mit hinabwanderten²).

Ob nun aber diese Fortbewegung durch das Blut in ähnlicher Weise zu denken ist, wie die durch das äussere Medium, welche sich als rein qualitative Veränderung darstellt, oder ob wir sie rein mechanisch aufzufassen haben, in der Weise nämlich, dass die Wahrnehmungen mit materiellen Sekreten, die etwa den Stoffen der Sinneswerkzeuge entstammen mögen, bis zum Herzen vom Blute fortgeschwemmt werden³): darüber scheint sich Aristoteles ebenso wenig eine klare Vorstellung gemacht zu haben, wie über manche feinere anatomische Verhältnisse der Sinneswerkzeuge, und es konnte dieses auch gar nicht anders der Fall sein, da seine theils richtigen, theils aber auch höchst verkehrten physiologischen Annahmen ihn in ihren Konsequenzen schliesslich nothwendiger Weise zu Unwahrscheinlichkeiten und Widersprüchen führen mussten. Anstatt deshalb immer neue Hypothesen aufzustellen, wie Aristoteles bei solchen offenbaren Fehlgriffen die Sache möglicher Weise gedacht haben könne, wird es besser sein, wenn wir uns hier einfach an das halten, was er wirklich als seine Ansicht ausgesprochen, dagegen uns dort bescheiden, wo diese Aussprüche ihr Ende erreicht haben.

---

auch die Beförderung durch das Blut hat etwas Anschauliches, wofern nur nicht die Zumuthung damit verbunden wird, die Wahrnehmung gegen den Strom schwimmen zu sehen. Es gehört also, wenn auch nicht gerade der beständige Kreislauf, ... doch ein beständiger Rücklauf des Bluts, also wenigstens diese Ahnung des Kreislaufs dazu." — Wenn Aristoteles de part. an. III, 6. 666 a 6—7 sagt: ἐκ τῆς καρδίας γὰρ ἐποχετεύεται (τὸ αἷμα) καὶ εἰς τὰς φλέβας, εἰς δὲ τὴν καρδίαν οὐκ ἄλλοθεν, so bezieht sich dies nur darauf, dass das Blut im Herzen, und nicht in der Leber, seine Entstehung habe: a. a. O. n 32: ἐπεὶ οὖν ἀνάγκη μὲν θάτερον τούτων ἀρχὴν εἶναι, μὴ ἔστιν δὲ τὸ ἧπαρ, ἀνάγκη τὴν καρδίαν εἶναι καὶ τοῦ αἵματος ἀρχήν.

1) do insomn. 3. 461 a 5: ... διὰ τὸ ἐκ τῶν ἔξω εἰς τὸ ἐντὸς γίνεσθαι τὴν τοῦ θερμοῦ παλίρροιαν.

2) do insomn. 3. 461 b 11: ὅταν γὰρ καθεύδῃ, κατιόντος τοῦ πλείστου αἵματος ἐπὶ τὴν ἀρχὴν συγκατέρχονται αἱ ἐνοῦσαι κινήσεις, αἱ μὲν δυνάμει αἱ δὲ ἐνεργείᾳ.

3) So Kampe a. a. O. S. 97 ff.